财智睿读

网络精品课程系列教材

西方经济学实验

齐行祥 编著

Experiments in Western Economics

中国财经出版传媒集团
经济科学出版社
Economic Science Press

图书在版编目（CIP）数据

西方经济学实验/齐行祥编著．—北京：经济科学出版社，2020.6

ISBN 978-7-5218-1629-7

Ⅰ．①西…　Ⅱ．①齐…　Ⅲ．①西方经济学-实验
Ⅳ．①F0-08

中国版本图书馆 CIP 数据核字（2020）第 098862 号

责任编辑：于海汛　陈　晨
责任校对：王肖楠
责任印制：李　鹏　范　艳

西方经济学实验
齐行祥　编著
经济科学出版社出版、发行　新华书店经销
社址：北京市海淀区阜成路甲 28 号　邮编：100142
总编部电话：010-88191217　发行部电话：010-88191522
网址：www.esp.com.cn
电子邮件：esp@esp.com.cn
天猫网店：经济科学出版社旗舰店
网址：http：//jjkxcbs.tmall.com
北京密兴印刷有限公司印装
787×1092　16 开　11.25 印张　200000 字
2020 年 7 月第 1 版　2020 年 7 月第 1 次印刷
印数：0001—3000 册
ISBN 978-7-5218-1629-7　定价：45.00 元
（图书出现印装问题，本社负责调换。电话：010-88191510）

前　言

西方经济学作为经管类各专业的基础课，其理论性强，原理抽象难懂。为提高学生的实践能力，山东财经大学从2015 年开始进行经济学沙盘模拟课程建设的探索与实践，2017 年该项目荣获山东省第八届高等教育教学成果二等奖。在经济学沙盘模拟课程中，学生运用经济学理论进行沙盘实战运营时虽然理论基础扎实，但灵活运用能力不足，为能更好地提高学习效果，需要一本简洁实用的西方经济学实验教材。根据历届学生的建议，兼顾教材的通用性，将本教材定名为《西方经济学实验》。2018 年本教材被学校列入综合改革实验教学研究重点项目。2019 年，《西方经济学实验》精品在线课程开始建设，并于当年在山东省高等学校在线开放课程平台上线。2020 年初新冠病毒疫情防控期间，学校积极开展线上授课和线上学习等在线教学活动，本课程被学校选为精品在线课程，向全国高校学子和社会大众推广。

《西方经济学实验》与实验经济学不同，实验经济学是从事经济学研究的一种新工具和新方法，本教材是以实验教学方法引导学生系统学习西方经济学理论知识，增进学生对西方经济学理论的理解、掌握和应用。本教材主要包括均衡价格理论、效用理论、生产理论、成本理论、市场理论、简单国民收入决定理论、IS－LM 模型等。实验教材力求简明扼要，用尽可能简练的语言讲解比较复杂的经济模型，用尽可能短的篇幅讲解更多的内容，用简化的模型讲解复杂的原理。每章内容由理论概述、实验操作和巩固练习三部分组成。每章的理论概述和实验操作部分都录制了视频讲解。我们探索建设一套集实验教材、实验操作和视频讲解三位一体的特色课程。实验操作文件，全部使用Excel普通功能完成，使用方便，对运行环境要求低，但与使用VBA编程脚本实现相比，这可能会造成部分实验数据不精确，但不会影响学习效果。本教材中的图形全部使用模拟数据生成，更科学规范，可供讲授西方经济学理论的老师参考使用。

本教材在写作过程中参阅了大量文献，在此对文献的作者表示感谢；得到了很多部门和个人的鼓励和帮助，在此向他们表示诚挚的谢意。特别感谢学校教务处和实验教学中心各位领导的支持，感谢经济学院、MBA学院、创新创业教育学院、燕山学院各位领导的支持。还要感谢老师和学生的鼓励和支持，学生中有的提供思路和方法，有的功成名就之后时刻准备解囊相助。最后，特别感谢经济科学出版社领导和编辑为本书出版所做的细致工作和辛勤付出。

本教材的编写过程也是对西方经济学教学模式的探索过程，特别是实验操作部分无从参考，花费了大量时间和精力。虽然作者竭尽全力努力探索，但由于自身水平所限，教材中难免有不足之处，有些甚至是错误，欢迎读者、同行、专家批评指正，并提出宝贵意见和建议。

齐行祥
2020年5月

目　录

第一章

需求、供给和市场均衡

第一节 需 求

需求

一、理论概述

（一）代数法——需求函数

因变量：需求量（Q^d）。

需求是指在一定时期内，其他条件不变的情况下，对应于某种商品各种可能的价格，消费者愿意并且能够购买的该种商品的数量。通常把某一特定价格下消费者愿意并且能够购买的商品数量简称为该价格下的需求量。

自变量：影响需求量的因素。

1. 商品自身的价格（P）

一般来说，在其他条件不变的情况下，商品的需求量与其自身的价格呈反方向变动关系。

2. 消费者的收入（I）

需求量与收入呈正相关关系的商品被称为正常品，其中需求量随收入增加较快的商品被称为高档品，需求量随收入增加较慢的商品被称为生活必需品；需求量与收入呈负相关关系的商品被称为低档品。

3. 消费者的偏好（T）

通常需求量与消费者的偏好呈同方向变动关系。

4. 其他相关商品的价格（P_1，P_2，…，P_n）

所谓相关商品有替代品和互补品两种情况。如果一种商品的需求量与另一种商品的价格同方向变动，则这两种商品互为替代品；如果一种商品的需求量与另一种商品的价格反方向变动，则这两种商品互为互补品。

5. 消费者的预期（P^e，I^e，…）

当消费者预期某种商品的价格即将上涨时，当期对这种商品的需求就会增加；反之，当消费者预期某种商品的价格即将下降时，当期对这种商品的需求就会减少。同样地，消费者对自身未来收入的预期也会影响到消费者当期对商品的需求。

6. 政府的政策（P^o）

政府的政策可以通过影响消费者的偏好、收入、相关商品的价格以及预期等因素来影响消费者对某种商品的需求。

除上述因素外，商品的需求量还会受到其他因素的影响，如季节变化的原因等。

需求函数：消费者对商品的需求函数可以表示为：

$$Q^d = D(P;\ I;\ T;\ P_1,\ P_2,\ \cdots,\ P_n;\ P^e;\ P^o;\ \cdots) \tag{1.1}$$

式（1.1）中，Q^d 表示需求量，P 表示商品自身的价格，I 表示消费者的收入，T 表示消费者的偏好，P_1，P_2，…，P_n 表示其他相关商品的价格，P^e 表示消费者对商品未来价格的预期，P^o 表示政府政策因素等。

简化需求函数：假定其他条件不变（设其他变量为外生变量），只讨论商品的需求量与其价格之间的关系，需求函数可以简化为：

$$Q^d = D(P) \tag{1.2}$$

线性需求函数：为便于分析，采用线性需求函数的形式，其表达式可表示为：

$$Q^d = a - bP \tag{1.3}$$

其中，a、b > 0。假如令 a、b 的值分别为 120 和 20，于是需求函数为：

$$Q^d = 120 - 20P \tag{1.4}$$

（二）几何法——需求曲线

需求表：消费者对某种商品需求量的数据可以整理成需求表，需求表描述某种商品各种可能的价格水平与这些价格所对应的需求量之间的关系。以需求函数 $Q^d = 120 - 20P$ 为例，生成某种商品的价格与需求量的组合点如表 1-1 所示。

表 1－1　某种商品的需求

价格与需求量的组合点	A	B	C	D	E
价格（元/千克）	1	2	3	4	5
需求量（千克）	100	80	60	40	20

需求曲线：根据某种商品的需求表中的价格与需求量的组合点描绘在一个以价格和需求量为坐标轴的平面上，即得到某种商品的需求曲线，如图 1－1 所示。

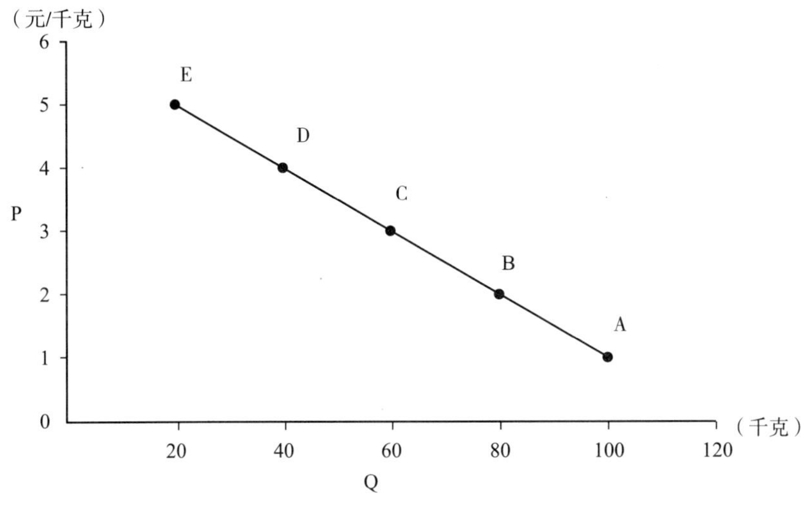

图 1－1　某种商品的需求曲线

通常情况，需求曲线是一条向右下方倾斜的曲线，斜率为负，表示商品的需求量与其价格反方向变动。需求曲线也有垂直、水平或向右上方倾斜的特例情况。

（三）叙述法——需求规律

在影响需求量的其他因素不变的条件下，商品的需求量与其价格之间通常存在着反方向变动的关系，经济学中把这种关系称为需求规律，也叫需求法则或者需求定律。

需求规律并不是在任何情况下都适用，对需求规律有两点需要说明：

第一，只有在影响需求的其他影响因素保持不变时，需求规律才成立。

第二，需求规律也有例外。吉芬商品就是一个特例。

（四）需求量的变动和需求的变动

1. 叙述法

为了区分起见，通常在其他影响因素不变时，由价格变动引起的消费者愿意并且能够购买的某种商品数量的变动称为需求量的变动；把其他影响因素的变动引起的消费者在每一个可能的价格下所对应的需求量的变动称为需求的变动。

2. 几何法

从需求曲线来看，需求量的变动表现为价格与需求量的组合点在一条需求曲线上的移动；需求的变动表现为整条需求曲线位置的左右移动，即在每一既定的价格水平上，需求量都变动了。

3. 代数法

对于线性需求函数 $Q^d = a - bP$ 来说，需求量的变动表现为价格 P 变动后，需求量 Q^d 发生的变动；需求的变动表现为参数 a 或 b 的变动。

（五）从单个消费者的需求到市场需求

某一特定时期内，在其他条件不变的情况下，对应于各种可能的价格，某种商品市场上所有消费者的需求量水平加总构成市场需求量，市场需求量与商品价格之间的对应关系即为市场需求。

实验 1.1

二、实验操作

【实验 1.1】需求实验

实验目的：掌握需求的影响因素，理解需求量的变动和需求的变动。

实验内容：

第一步，以需求函数 $Q^d = 120 - 20P$ 为例生成模拟数据，如表 1－2 所示。

表 1－2　某种商品的需求模拟数据

价格与需求量的组合点	A	B	C	D	E
价格（元/千克）	1	2	3	4	5
初始的需求量（千克）	100	80	60	40	20
变动后需求量（千克）	130	110	90	70	50

第二步，使用表 1 – 2 中的数据，绘制需求曲线，如图 1 – 2 所示。

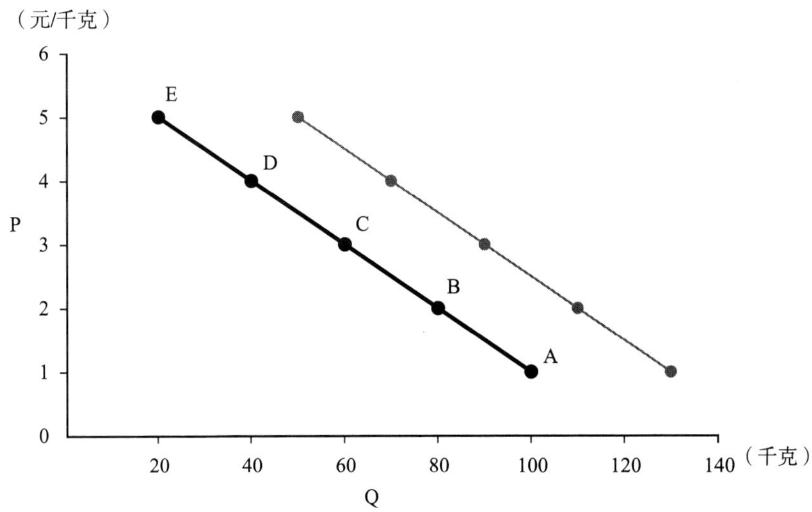

图 1 – 2　某种商品初始的需求曲线和变动后的需求曲线

第三步，通过点击调节按钮，观察需求曲线的变动。理解需求量的变动和需求的变动。需求实验操作界面，如图 1 – 3 所示。

需求的变动

消费者收入	50
消费者偏好指数	50
替代品的价格	50
互补品的价格	50
消费者价格预期	50

需求量的变动

组合点	价格	需求量
A	1	100

图 1 – 3　需求实验操作界面

点击需求量的变动右侧的按钮，随着价格的变化，价格 – 需求量的组合点在需求曲线上变动；点击需求的变动右侧的按钮，整条需求曲线发生变动。

如消费者收入发生变动，可在操作界面中点击消费者收入右侧的按钮调节数值，需求曲线随数值的变动一起进行移动。例如：将消费者收入的值调高为 80 时，需求曲线的变动如图 1－2 所示。

操作界面中需求的变动下面各影响因素数值的取值范围均为［0，100］，步长均为 10，默认值均为 50；需求量的变动下面的价格的取值范围为［1，5］，步长为 1，默认值为 1。

参考答案

三、巩固练习

1. 下列哪个因素的影响会使消费者对苹果的需求量增加？（　　）

A. 苹果的产量提高了

B. 消费者预期苹果的价格要上升

C. 苹果的价格降低了

D. 消费者知道苹果具有抗癌功效

2. 若对某个消费者来说，香蕉和苹果可以相互替代，则香蕉价格的上升将导致（　　）。

A. 对香蕉需求的减少

B. 对香蕉需求量的减少

C. 对苹果需求的减少

D. 对苹果需求量的减少

3. 若 X 商品价格上升引起 Y 商品需求曲线向右移动，则可以断定（　　）。

A. X 商品与 Y 商品是互补品

B. X 商品是低档品，Y 商品是正常品

C. X 商品与 Y 商品互为替代品

D. X 商品与 Y 商品互为无关品

4. 下列哪个因素的变动不会引起整条需求曲线的变动？（　　）

A. 商品自身的价格

B. 消费者的收入

C. 消费者的偏好

D. 消费者的预期

5. （　　）体现了需求规律。

A. 智能手机价格下降，导致其需求量增加

B. 经过广告宣传后，智能手机的需求增加

C. 智能手机的使用，导致无线网络需求增加

D. 科学技术的进步，导致智能手机的生产成本下降

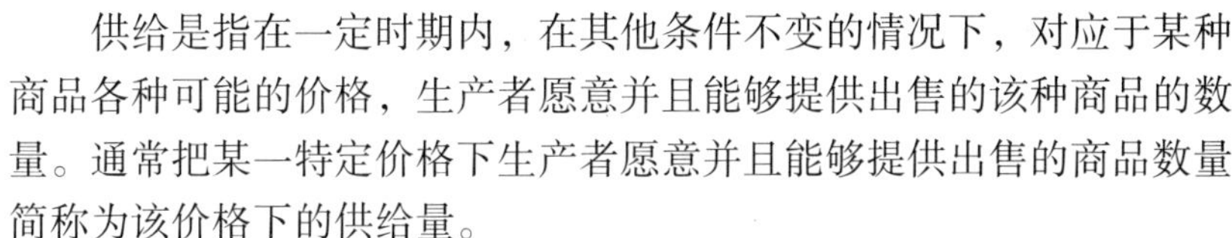

第二节 供 给

供给

一、理论概述

（一）代数法——供给函数

因变量：供给量（Q^s）。

供给是指在一定时期内，在其他条件不变的情况下，对应于某种商品各种可能的价格，生产者愿意并且能够提供出售的该种商品的数量。通常把某一特定价格下生产者愿意并且能够提供出售的商品数量简称为该价格下的供给量。

自变量：影响供给量的因素。

1. 商品自身的价格（P）

一般来说，在其他条件不变的情况下，商品的供给量与其自身的价格呈同方向变动关系。

2. 生产技术水平和管理水平（A）

在其他条件不变时，生产技术水平和管理水平越高，生产者愿意生产和提供出售的商品越多；反之，生产者会减少供给。

3. 生产要素的价格（P_f）

在其他条件不变时，生产要素价格下降，生产者愿意多投资生产，增加这种商品的供给；生产要素价格上升，生产者会因生产成本提高而减少供给。

4. 生产者可能生产的其他商品的价格（P_1，P_2，…，P_n）

理性的生产者总是选择最有利可图的商品进行生产。如果一个生产者能够生产多种商品，一种商品价格的变动会影响另一种商品的供给。

5. 生产者对未来的预期（P^e）

例如生产者预期某种商品未来价格将上升，生产者就会减少当期的供给；生产者预期某种商品未来价格将下降，生产者就会增加当期的供给。

6. 政府的政策（P^o）

政府的政策可以通过影响以上因素来影响生产者对某种商品的供

给量。

除上述因素外，商品的供给量还会受到其他因素的影响。

供给函数：生产者对商品的供给函数可以表示为：

$$Q^s = S(P; A; P_f; P_1, P_2, \cdots, P_n; P^e; P^o; \cdots) \qquad (1.5)$$

式（1.5）中，Q^s 表示供给量，P 表示商品自身的价格，A 表示生产技术水平和管理水平，P_f 表示生产要素的价格，P_1，P_2，…，P_n 表示生产者可能生产的其他商品的价格，P^e 表示生产者对商品未来价格的预期，P^o 表示政府政策因素等。

简化供给函数：假定其他条件不变，只讨论商品的供给量与其价格之间的关系，供给函数可以简化为：

$$Q^s = S(P) \qquad (1.6)$$

线性供给函数：为便于分析，采用线性供给函数的形式，其表达式可表示为：

$$Q^s = -c + dP \qquad (1.7)$$

其中，c、d > 0。P > c/d 时，生产者才可能供给。

假如，令 c、d 的值分别为 40 和 20，于是供给函数为：

$$Q^s = -40 + 20P \qquad (1.8)$$

（二）几何法——供给曲线

供给表：生产者对某种商品供给量的数据可以整理成供给表，供给表描述某种商品各种可能的价格水平与这些价格所对应的供给量之间关系。以供给函数 $Q^s = -40 + 20P$ 为例，生成某种商品的价格与供给量的组合点如表 1－3 所示。

表 1－3　　某种商品的供给

价格与供给量的组合点	A	B	C	D	E
价格（元/千克）	3	4	5	6	7
供给量（千克）	20	40	60	80	100

供给曲线：根据某种商品的供给表中的价格与供给量的组合点描绘在一个以价格和供给量为坐标轴的平面上，即得到某种商品的供给曲线，如图 1－4 所示。

通常情况，供给曲线是一条向右上方倾斜的曲线，斜率为正，表示商品的供给量与其价格同方向变动。供给曲线也有垂直、水平或向右下方倾斜的特例情况。

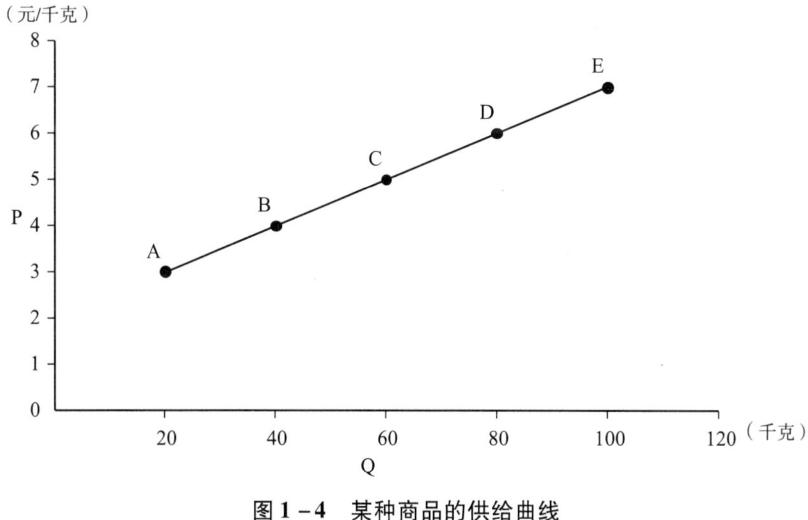

图 1－4　某种商品的供给曲线

（三）叙述法——供给规律

在影响供给量的其他因素不变的条件下，商品的供给量与其价格之间通常存在着同方向变动的关系，经济学中把这种关系称为供给规律，也叫供给法则或者供给定律。

供给规律并不是在任何情况下都适用，对供给规律有两点需要说明：

第一，只有在影响供给的其他影响因素保持不变时，供给规律才成立。

第二，供给规律也有例外。一般地，具有固定数量的商品，由于其供给量不变，其供给曲线是一条垂直的直线；具有固定价格的商品，无论供给量多少，价格不变，其供给曲线是一条水平线。例如，自来水公司的供给曲线近似于一条水平的直线。

（四）供给量的变动和供给的变动

1. 叙述法

为了区分起见，通常把其他影响因素不变时，由价格变动引起的生产者愿意并且能够提供的某种商品数量的变动称为供给量的变动；把其他影响因素的变动引起的生产者在每一个可能的价格下所对应的供给量的变动称为供给的变动。

2. 几何法

从供给曲线来看，供给量的变动表现为价格与供给量的组合点在一条供给曲线上的移动；供给的变动表现为整条供给曲线位置的左右移动，即在每一既定的价格水平上，供给量都变动了。

3. 代数法

对于线性供给函数 $Q^s = -c + dP$ 来说，供给量的变动表现为价格 P 变动后，供给量 Q^s 发生的变动；供给的变动表现为参数 c 或 d 的变动。

（五）从单个生产者的供给到市场供给

某一特定的时期内，在其他条件不变的情况下，对应于各种可能的价格，某种商品市场上所有生产者的供给量水平加总构成市场供给量，市场供给量与商品价格之间的对应关系即为市场供给。

实验 1.2

二、实验操作

【实验 1.2】供给实验

实验目的：掌握供给的影响因素，理解供给量的变动和供给的变动。

实验内容：

第一步，以供给函数 $Q^s = -40 + 20P$ 为例生成模拟数据，如表 1－4 所示。

表 1－4　　某种商品的供给模拟数据

价格与供给量的组合点	A	B	C	D	E
价格（元/千克）	3	4	5	6	7
初始的供给量（千克）	20	40	60	80	100
变动后供给量（千克）	0	20	40	60	80

第二步，使用表 1－4 中的数据，绘制供给曲线，如图 1－5 所示。

第三步，通过点击调节按钮，观察供给曲线的变动。理解供给量的变动和供给的变动。供给实验操作界面，如图 1－6 所示。

点击供给量的变动右侧的按钮，随着价格的变化，价格—供给量的组合点在供给曲线上变动；点击供给的变动右侧的按钮，整条供给曲线发生变动。

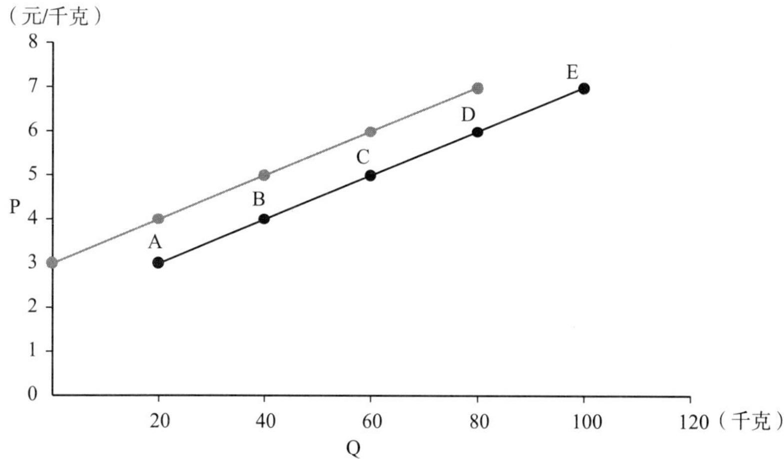

图 1－5　某种商品初始的供给曲线和变动后的供给曲线

供给的变动

生产技术水平和管理水平	50	▲ ▼
生产要素的价格	50	▲ ▼
生产者可能生产的其他商品的价格	50	▲ ▼
生产者对未来价格的预期	50	▲ ▼

供给量的变动

组合点	价格	供给量	
A	3	20	▲ ▼

图 1－6　供给实验操作界面

如生产要素的价格发生变动，可在操作界面中点击生产要素的价格右侧的按钮调节数值，供给曲线随数值的变动一起进行移动。例如：生产要素价格的数值调高为 70 时，供给曲线向左移动，如图 1－5 所示。

操作界面中供给的变动下面各影响因素数值的取值范围均为［0，100］，步长均为 10，默认值均为 50；供给量的变动下面的价格的取值范围为［3，7］，步长为 1，默认值为 3。

参考答案

三、巩固练习

1. 一种商品的供给曲线位置确定后，下列哪个因素不是外生变量？（　　）

A. 生产要素的价格　　B. 生产技术水平
C. 生产者的预期　　D. 商品自身的价格

2. 其他条件不变时，生产者预期某种商品未来价格要下降，则该商品当期的供给会（　　）。

A. 增加　　B. 不变　　C. 减少　　D. 不确定

3. 某种商品生产要素价格的上升，将使该商品的（　　）。

A. 供给曲线右移，价格上升　　B. 供给曲线左移，价格上升
C. 供给曲线右移，价格下降　　D. 供给曲线左移，价格下降

4. 下列哪个因素的变动不会引起整条供给曲线的变动？（　　）

A. 商品自身的价格　　B. 生产技术水平和管理水平
C. 生产要素的价格　　D. 生产者的预期

5. （　　）体现了供给规律。

A. 政府给某行业补贴后，导致某商品供给增加
B. 某种商品生产成本的下降，导致其供给增加
C. 某种商品价格的上升，导致其供给量增加
D. 生产技术水平的提高，导致某种商品供给增加

第三节　市场均衡

市场均衡

一、理论概述

（一）静态分析——均衡价格和均衡数量的决定

1. 叙述法

市场均衡是指市场供给等于市场需求的一种状态。市场处于均衡的条件是市场需求量等于市场供给量。能够使一种商品的市场需求量与市场供给量相等的价格，被称为该商品的市场均衡价格。对应于均

衡价格，供求相等的数量被称为均衡数量。

均衡价格是如何形成的？如果某种商品的市场价格高于市场均衡价格，市场需求量小于市场供给量。生产者不能在该市场价格下销售所有的商品，生产者之间的竞争会使市场价格降低。因此在市场需求量小于市场供给量时，市场价格有下降的趋势。如果某商品的市场价格低于市场均衡价格，市场需求量大于市场供给量。消费者买不到他们希望购买的数量，消费者愿意支付更高的价格，生产者也发现提高价格是有利的。因此在市场需求量大于市场供给量时，市场价格有上升的趋势。在市场需求和市场供给的共同作用下，市场价格趋于均衡价格。

2. 几何法

如图 1－7 所示，某商品的市场需求曲线和市场供给曲线相交于 E 点，E 点表示市场达到均衡状态的均衡点，E 点所对应的价格即为均衡价格，与该点所对应的数量即为均衡数量。

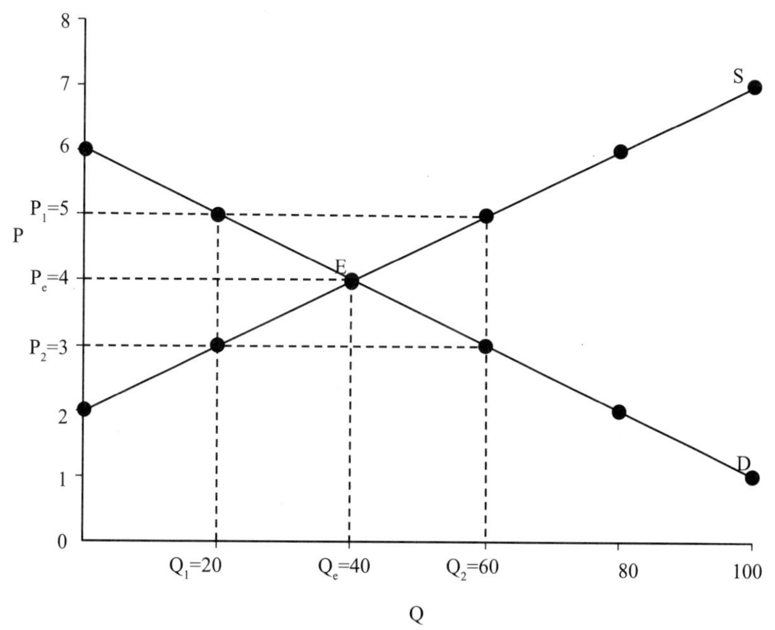

图 1－7　均衡价格和均衡数量的决定

当市场价格高于均衡价格 P_e 时，如市场价格为 P_1，则由此决定的市场需求量 Q_1 小于市场供给量 Q_2。供大于求，市场上出现超额供给，生产者会降价。随着市场价格的下降，市场需求量逐渐增加，市场供给量逐渐减少。只要新的市场价格仍高于市场均衡价格，市场供给量大于市场需求量，上述过程就会重复，市场价格就会继续下降，直到市场价格等于市场均衡价格，供求相等为止。

当市场价格低于均衡价格 P_e 时，如市场价格为 P_2，则由此决定的市场需求量 Q_2 大于市场供给量 Q_1。供小于求，市场上出现超额需求，消费者愿意出更高的价格。随着市场价格的上升，市场需求量逐渐减少，市场供给量逐渐增加。只要新的市场价格仍低于市场均衡价格，市场供给量小于市场需求量，上述过程就会重复，市场价格就会继续上升，直到市场价格等于市场均衡价格，供求相等为止。

一种商品的均衡价格是市场上需求和供给两种相反力量共同作用的结果。经济学把供求随价格变动而自动趋向均衡的情形看成市场机制的自发调节。

3. 代数法

假定需求函数和供给函数均为线性，建立均衡价格决定模型①，即：

$$Q^d = a - bP \tag{1.3}$$

$$Q^s = -c + dP \tag{1.7}$$

$$Q^d = Q^s \tag{1.9}$$

其中，$Q^d = Q^s$ 是均衡条件，a、b、c、d 为参数。将需求函数和供给函数代入均衡条件，解得均衡价格和均衡数量，分别为：

$$P^e = \frac{a + c}{b + d} \tag{1.10}$$

$$Q^e = \frac{ad - bc}{b + d} \tag{1.11}$$

假定需求函数和供给函数分别为②：

$$Q^d = 120 - 20P \tag{1.4}$$

$$Q^s = -40 + 20P \tag{1.8}$$

将需求函数和供给函数代入均衡条件，得：

$$120 - 20P = -40 + 20P$$

解得：

$$P^e = 4$$

$$Q^e = 40$$

4. 均衡价格和均衡数量决定的特例

在某些特殊情况下，均衡价格和均衡数量是由需求和供给分别决定的。当需求曲线垂直时，均衡数量由需求决定，均衡价格由供给决定；当供给曲线垂直时，均衡数量由供给决定，均衡价格由需求决

① 关于线性需求函数式（1.3）和线性供给函数式（1.7）可见前面内容。

② 关于式（1.4）、式（1.8）可见前面内容。

定；当需求曲线水平时，均衡价格由需求决定，均衡数量由供给决定；当供给曲线水平时，均衡价格由供给决定，均衡数量由需求决定。

（二）比较静态分析——供求规律

1. 几何法

当市场条件发生变化时，需求曲线或供给曲线的位置就会发生移动，将会引起均衡价格和均衡数量的变动。

第一，供给不变条件下需求变动对市场均衡的影响。在图 1－8 中，需求曲线右移（D→D′）即需求增加时，均衡价格提高（P→P′），均衡数量增加（Q→Q′）；需求曲线左移（D→D″）即需求减少时，均衡价格下降（P→P″），均衡数量减少（Q→Q″）。

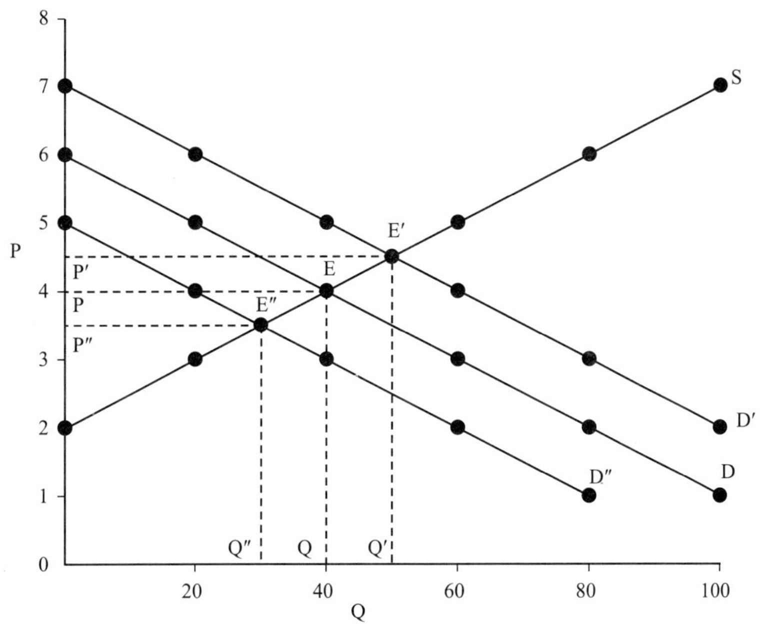

图 1－8　供给不变条件下需求变动对市场均衡的影响

第二，需求不变条件下供给变动对市场均衡的影响。在图 1－9 中，供给曲线右移（S→S′）即供给增加时，均衡价格下降（P→P′），均衡数量增加（Q→Q′）；供给曲线左移（S→S″）即供给减少时，均衡价格上升（P→P″），均衡数量减少（Q→Q″）。

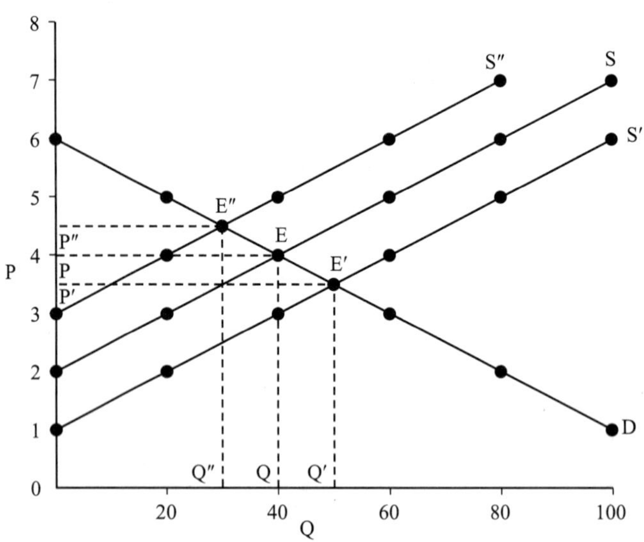

图 1-9　需求不变条件下供给变动对市场均衡的影响

第三，需求和供给同方向变动对市场均衡的影响。在图 1-10 中，需求和供给都增加即需求曲线右移（D→D′）供给曲线右移（S→S′）时，均衡点在 B 点附近，均衡数量增加，均衡价格不确定；需求和供给都减少即需求曲线左移（D→D″）供给曲线左移（S→S″）时，均衡点在 A 点附近，均衡数量减少，均衡价格不确定。

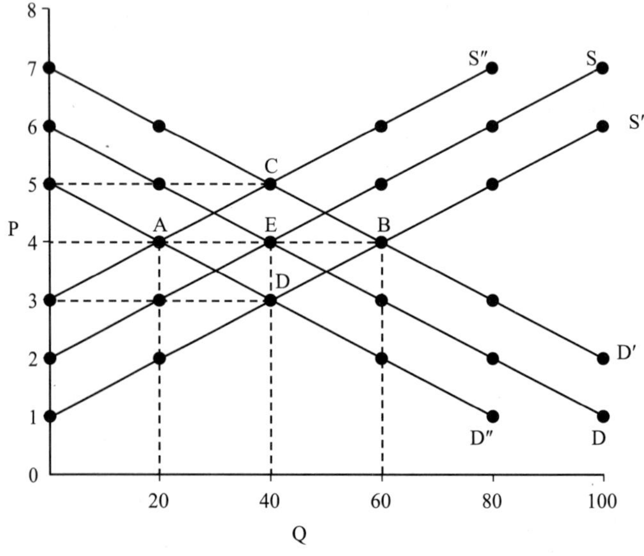

图 1-10　需求和供给同时变动对市场均衡的影响

第四，需求和供给反方向变动对市场均衡的影响。在图 1－10 中，需求增加供给减少即需求曲线右移（D→D′）供给曲线左移（S→S″）时，均衡点在 C 点附近，均衡价格上升，均衡数量的变动不确定；需求减少供给增加即需求曲线左移（D→D″）供给曲线右移（S→S′）时，均衡点在 D 点附近，均衡价格下降，均衡数量的变动不确定。

2. 代数法

在需求函数 $Q^d = a - bP$ 中，需求的变动表现为参数 a 或 b 的变动。当 a 变大时，需求曲线向右移动，需求增加；当 a 变小时，需求曲线向左移动，需求减少。

在供给函数 $Q^s = -c + dP$ 中，供给的变动表现为参数 c 或 d 的变动。当 c 变大时，供给曲线向左移动，供给减少；当 c 变小时，供给曲线向右移动，供给增加。

在均衡价格决定模型中，均衡价格和均衡数量分别为①：

$$P^e = \frac{a + c}{b + d} \tag{1.10}$$

$$Q^e = \frac{ad - bc}{b + d} \tag{1.11}$$

第一，供给不变条件下需求变动对市场均衡的影响。在这种情况下，参数 b、c、d 既定不变，当需求增加即 a 变大时，均衡价格 P^e 上升，均衡数量 Q^e 增加；当需求减少即 a 变小时，均衡价格 P^e 降低，均衡数量 Q^e 减少。

第二，需求不变条件下供给变动对市场均衡的影响。在这种情况下，参数 a、b、d 既定不变，当供给增加即 c 变小（$-c$ 变大）时，均衡价格 P^e 下降，均衡数量 Q^e 增加；当供给减少即 c 变大（$-c$ 变小）时，均衡价格 P^e 上升，均衡数量 Q^e 减少。

第三，需求和供给同方向变动对市场均衡的影响。在这种情况下，需求和供给都增加即 a 变大 c 变小时，均衡价格 P^e 的变动不确定，均衡数量 Q^e 增加；需求和供给都减少即 a 变小 c 变大时，均衡价格 P^e 的变动不确定，均衡数量 Q^e 减少。

第四，需求和供给反方向变动对市场均衡的影响。在这种情况下，需求增加供给减少即 a 变大 c 变大时，均衡价格 P^e 上升，均衡数量 Q^e 的变动不确定；需求减少供给增加即 a 变小 c 变小时，均衡价格 P^e 下降，均衡数量 Q^e 的变动不确定。

3. 叙述法

当市场条件发生变化时，需求或供给单方面发生变动或同时发生

① 式（1.10）、式（1.11）前面内容已提及。

变动，将会引起均衡价格和均衡数量的变动。

第一，供给不变条件下需求变动对市场均衡的影响。在这种情况下，均衡价格和均衡数量与需求同方向变动。

第二，需求不变条件下供给变动对市场均衡的影响。在这种情况下，均衡价格与供给反方向变动，均衡数量与供给同方向变动。

第三，需求和供给同方向变动对市场均衡的影响。在这种情况下，均衡数量与需求（或供给）同方向变动，均衡价格的变动不确定。

第四，需求和供给反方向变动对市场均衡的影响。在这种情况下，均衡价格与需求同方向变动，或者说与供给反方向变动，均衡数量的变动不确定。

实验 1.3

二、实验操作

【实验 1.3】市场均衡实验

实验目的：掌握均衡价格和均衡数量的决定，理解需求或供给发生变动后对均衡价格和均衡数量的影响。

实验内容：

第一步，以需求函数 $Q^d = 120 - 20P$ 为例生成需求模拟数据，以供给函数 $Q^s = -40 + 20P$ 为例生成模拟数据，如表 1－5 所示。

表 1－5　　均衡价格和均衡数量决定的模拟数据

价格与数量的组合点	A	B	C	D	E	F	G
价格（元/千克）	1	2	3	4	5	6	7
初始的需求量（千克）	100	80	60	40	20	0	—
初始的供给量（千克）	—	0	20	40	60	80	100
变动后需求量（千克）	100	80	60	40	20	0	—
变动后供给量（千克）	—	0	20	40	60	80	100

第二步，使用表 1－5 中的数据，绘制需求曲线和供给曲线，如图 1－11 所示。

第三步，点击需求变动量或供给变动量右侧的按钮，见图 1－12，观察需求曲线和供给曲线的变动。理解需求或供给发生变动后对均衡价格和均衡数量的影响。

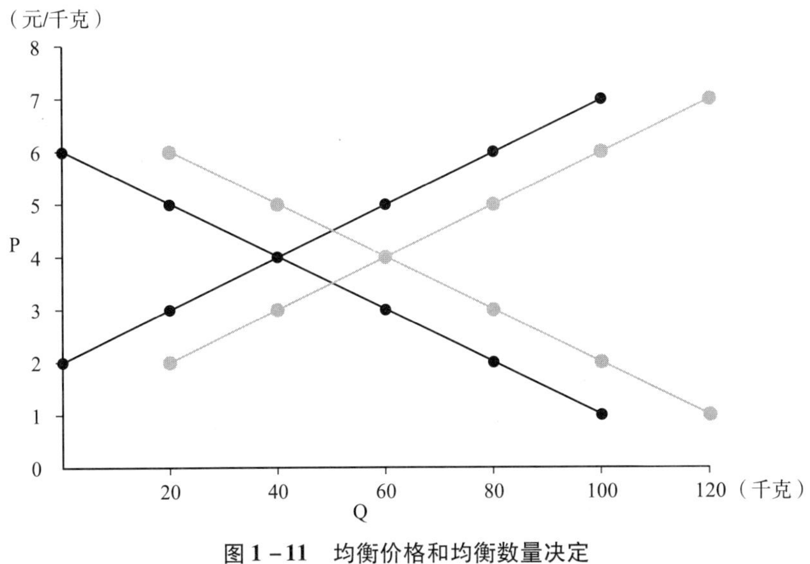

图 1－11　均衡价格和均衡数量决定

需求变动量	70
供给变动量	70

图 1－12　需求变动量和供给变动量

操作界面中需求变动量和供给变动量的取值范围均为［0，100］，步长均为 10，默认值均为 50。点击需求变动量右侧的按钮，需求曲线会左右移动；点击供给变动量右侧的按钮，供给曲线会左右移动。例如：需求变动量和供给变动量右侧数值均设为 70 后，需求曲线和供给曲线均向右移动如图 1－11 所示。

第四步，需求曲线和供给曲线变动后，均衡价格和均衡数量也相应发生变动，其数值在操作界面中显示，如图 1－13 所示。

变动前的		变动后的		比较结果
均衡价格	4	均衡价格	4	不变
均衡数量	40	均衡数量	40	不变

图 1－13　均衡价格和均衡数量的数值及其变动方向

学生可通过调节按钮，使需求曲线或供给曲线发生变动，得出供求规律的结论。

参考答案

三、巩固练习

1. 当市场出现供不应求时，价格将如何调节？（　　）

A. 随着价格上升，需求量减少而供给量增加

B. 随着价格上升，需求量减少供给量也减少

C. 随着价格下降，需求量减少而供给量增加

D. 随着价格下降，需求量增加供给量也增加

2. 在某种商品的市场上，需求曲线为一向右下方倾斜的直线，供给曲线为一垂线，则（　　）。

A. 均衡数量由需求决定，均衡价格由供给决定

B. 均衡数量由供给决定，均衡价格由需求决定

C. 均衡数量和均衡价格都由需求决定

D. 均衡数量和均衡价格都由供给决定

3. 在某种商品的市场上，需求曲线为一垂线，供给曲线为一向右上方倾斜的直线，则（　　）。

A. 均衡数量由需求决定，均衡价格由供给决定

B. 均衡数量由供给决定，均衡价格由需求决定

C. 均衡数量和均衡价格都由需求决定

D. 均衡数量和均衡价格都由供给决定

4. 需求不变条件下供给增加时，（　　）。

A. 均衡价格上升，均衡数量增加

B. 均衡价格下降，均衡数量增加

C. 均衡价格上升，均衡数量减少

D. 均衡价格下降，均衡数量减少

5. 需求和供给都增加时，（　　）。

A. 均衡数量增加，均衡价格的变动不确定

B. 均衡数量减少，均衡价格的变动不确定

C. 均衡价格上升，均衡数量的变动不确定

D. 均衡价格下降，均衡数量的变动不确定

第四节　弹　性

弹性

一、理论概述

（一）弹性的一般含义

1. 叙述法

经济学中采用弹性来衡量因变量对自变量变动的反应程度或敏感程度。弹性的大小通常用弹性系数 E 表示。弹性系数等于因变量的变动率与自变量的变动率之比。

2. 代数法

对应于函数 Y = f(X)，弹性系数的弧弹性公式可表示为：

$$E=\frac{\frac{\Delta Y}{Y}}{\frac{\Delta X}{X}}=\frac{\Delta Y}{\Delta X}\cdot\frac{X}{Y} \tag{1.12}$$

式（1.12）中，E 表示弹性系数；Y 和 ΔY 分别表示因变量和其变动量；X 和 ΔX 分别表示自变量和其变动量。

弹性系数的点弹性公式可表示为：

$$E=\frac{\frac{dY}{Y}}{\frac{dX}{X}}=\frac{dY}{dX}\cdot\frac{X}{Y} \tag{1.13}$$

（二）需求价格弹性

1. 需求价格弹性的定义

需求的价格弹性（简称“价格弹性”或“需求弹性”），表示在一定时期内，一种商品需求量的相对变动对该商品价格相对变动的反应程度或敏感程度。其弹性系数可定义为：

$$需求的价格弹性系数\ E_P=\frac{需求量的变动率}{价格的变动率} \tag{1.14}$$

通常情况下，商品的需求量与其价格反方向变动，所以需求量的变动率与价格的变动率符号相反。经济学上一般在具体公式前面加负号，使需求价格弹性的系数为正值。

需求价格弧弹性表示在商品需求曲线上，两点之间的需求量变动对于价格变动的反应敏感程度，可用公式表示为：

$$E_P = -\frac{\frac{\Delta Q}{Q}}{\frac{\Delta P}{P}} = -\frac{\Delta Q}{\Delta P} \cdot \frac{P}{Q} \qquad (1.15)$$

式（1.15）中，E_P 表示需求的价格弧弹性系数；Q 和 ΔQ 分别表示需求量和其变动量；P 和 ΔP 分别表示价格和其变动量。

需求价格点弹性表示在商品需求曲线上，两点之间的变动量趋于无穷小时，需求曲线上某一点的需求量变动对于价格变动的反应敏感程度，可用公式表示为：

$$E_P = -\frac{\frac{dQ}{Q}}{\frac{dP}{P}} = -\frac{dQ}{dP} \cdot \frac{P}{Q} \qquad (1.16)$$

2. 需求价格弹性的计算

我们仍以需求函数 Q = 120 - 20P 为例生成模拟数据，根据以上定义计算需求价格弧弹性和需求价格点弹性，如图 1 - 14 所示。

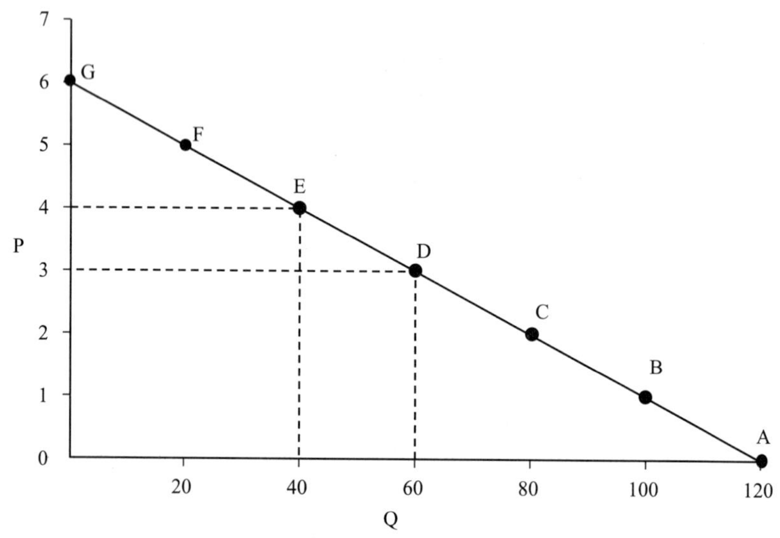

图 1 - 14　需求价格弹性的计算

（1）需求价格弧弹性的计算。

当商品价格由 4 下降为 3 后，需求量由 40 增加为 60，即在需求曲线上由 E 点到 D 点的变动。

价格的变动量为：

$$\Delta P = P_D - P_E = 3 - 4 = -1$$

需求量的变动量为：

$$\Delta Q = Q_D - Q_E = 60 - 40 = 20$$

基于 E 点的需求价格弧弹性为：

$$E_P = -\frac{20}{-1} \times \frac{4}{40} = 2$$

基于 D 点的需求价格弧弹性为：

$$E_P = -\frac{20}{-1} \times \frac{3}{60} = 1$$

在以上两个计算公式中，虽然价格变动的幅度和需求量变动的幅度是相同的，但计算出的弹性系数的确是不同的。这是由于计算时基于的坐标点不同而造成的。为了克服这一缺陷，通常基于前后变动的中点计算。

基于 ED 中点的需求价格弧弹性为：

$$E_P = -\frac{\Delta Q}{\Delta P} \times \frac{\frac{P_E + P_D}{2}}{\frac{Q_E + Q_D}{2}} = -\frac{20}{-1} \times \frac{\frac{4+3}{2}}{\frac{40+60}{2}} = 1.4$$

（2）需求价格点弹性的计算。

根据需求价格点弹性的公式，先对需求函数 $Q = 120 - 20P$ 求导，得：

$$\frac{dQ}{dP} = -20$$

需求价格点弹性的计算公式为：

$$E_P = -\frac{dQ}{dP} \cdot \frac{P}{Q} = 20 \cdot \frac{P}{Q}$$

再将需求曲线上各点的坐标值代入公式，计算每点的需求价格点弹性，如表 1－6 所示。

表 1－6　需求函数 Q＝120－20P 上各点的需求价格点弹性

价格与数量的组合点	A	B	C	D	E	F	G
价格（P）	0	1	2	3	4	5	6
需求量（Q）	120	100	80	60	40	20	0
需求价格点弹性	0	0.2	0.5	1	2	5	+∞

由表1-6可以看出，在同一条需求曲线上，位于上半段上的点，需求价格点弹性大于1；位于下半段上的点，需求价格点弹性小于1；需求曲线中点的需求价格点弹性等于1。一般说来，需求曲线上点的位置越高，弹性系数越大；点的位置越低，弹性系数越小。

3. 需求的价格弹性的五种类型

①$E_P=0$，需求完全无弹性。需求曲线是一条垂直的直线，特效药近似属于这种情况。

②$0<E_P<1$，需求缺乏弹性。经济学中把缺乏弹性的需求曲线画得相对陡峭，生活必需品属于这种情况。

③$E_P=1$，需求为单位弹性。需求量变动率等于价格变动率。

④$1<E_P<+\infty$，需求富有弹性。经济学中把富有弹性的需求曲线画得相对平坦，奢侈品属于这种情况。

⑤$E_P\to+\infty$，需求完全有弹性。需求曲线是一条水平的直线。

4. 影响需求价格弹性的因素

（1）商品对消费者的重要程度。

一般来说，一种商品对消费者的重要程度越高，其需求价格弹性就越小；反之，一种商品对消费者的重要程度越低，其需求价格弹性越大。

（2）替代品的多少和可替代程度。

一种商品的近似替代品越多，且可替代程度越高，消费者选择的余地就越大，则该商品的需求价格弹性就越大；反之，该商品的需求价格弹性就越小。

（3）商品的消费支出占总支出的比重。

消费者在某种商品上的消费支出占总支出的比重越大，该商品价格变动对消费者的需求影响就越大，则该商品的需求价格弹性就越大；反之，该商品的需求价格弹性就越小。

（4）商品用途的多少。

一种商品的用途越广泛，其需求的价格弹性就可能越大；反之，其需求的价格弹性就可能越小。

（5）调整时间的长短。

相对于价格变动，消费者调整偏好、寻找新的替代品都需要时间。一般来说，消费者调整时间越短，需求价格弹性越小；反之，调整时间越长，需求价格弹性就越大。

此外，考察时间、地域差别、消费习惯、商品质量、售后服务等因素，也会影响需求的价格弹性。

5. 需求价格弹性与销售总收益的关系

一种商品的销售总收益等于该商品的价格乘以销售量，即 $TR = P \times Q$。TR 表示销售总收益，P 和 Q 分别表示一种商品的价格和销售量。

假定某种商品的价格由 P 变动为 $P + \Delta P$，相应地，该商品的销售量（即消费者对该商品的需求量）由 Q 变动为 $Q + \Delta Q$。则变动后的销售总收益为：

$$TR' = (P + \Delta P) \times (Q + \Delta Q) = PQ + P \cdot \Delta Q + \Delta P \cdot Q + \Delta P \cdot \Delta Q$$

销售总收益变动量为：

$$\Delta TR = TR' - TR = P \cdot \Delta Q + \Delta P \cdot Q + \Delta P \cdot \Delta Q$$

当价格变动非常微小时，$\Delta P \cdot \Delta Q$ 可以忽略不计，总收益变动量可表示为：

$$\Delta TR = P \cdot \Delta Q + \Delta P \cdot Q$$

将等式两边同除以 ΔP，得：

$$\frac{\Delta TR}{\Delta P} = Q + P \cdot \frac{\Delta Q}{\Delta P} = Q\left(1 + \frac{\Delta Q}{\Delta P} \cdot \frac{P}{Q}\right) = Q(1 - E_P) \qquad (1.17)$$

由式（1.17）可知，需求价格弹性与销售总收益之间存在密切关系，可按需求的价格弹性分为五种情况：

①当 $E_P = 0$ 时，$Q(1 - E_P) = Q$，即 $\Delta TR = \Delta P \cdot Q$。总收益将与价格同方向、同比例变动。

②当 $0 < E_P < 1$ 时，$Q(1 - E_P) > 0$，即 ΔTR 与 ΔP 同方向变动。生产者对这类缺乏弹性的商品，要想增加销售总收益，应该采取涨价的策略。

③当 $E_P = 1$ 时，$Q(1 - E_P) = 0$，即 $\Delta TR = 0$。对于单位弹性的商品，生产者无论价格怎么变动，其销售总收益固定不变。

④当 $1 < E_P < +\infty$ 时，$Q(1 - E_P) < 0$，即 ΔTR 与 ΔP 反方向变动。生产者对这类富有弹性的商品，应该通过降价实现薄利多销。

⑤当 $E_P \rightarrow +\infty$ 时，需求完全有弹性。这类商品在既定价格下销售总收益可随需求量无限增加。完全有弹性的商品不适合降价也不适合涨价。

（三）需求收入弹性

1. 需求收入弹性的定义与计算方法

需求收入弹性简称收入弹性，表示在一定时期内，某种商品需求量的变动对消费者收入变动的反应程度或敏感程度，是需求量的变动率与收入的变动率之比。

需求收入弹性的弧弹性系数定义为：

$$E_m = \frac{\frac{\Delta Q}{Q}}{\frac{\Delta m}{m}} = \frac{\Delta Q}{\Delta m} \cdot \frac{m}{Q} \tag{1.18}$$

式（1.18）中，E_m 表示需求的收入弹性的弧弹性系数；Q 和 ΔQ 分别表示需求量和其变动量；m 和 Δm 分别表示收入和其变动量。

需求收入弹性的点弹性系数定义为：

$$E_m = \frac{\frac{dQ}{Q}}{\frac{dm}{m}} = \frac{dQ}{dm} \cdot \frac{m}{Q} \tag{1.19}$$

2. 用需求收入弹性对商品进行分类

需求收入弹性的系数可以为正值，也可以为负值。如果需求的收入弹性系数为正值，则 $E_m > 0$，说明消费者对这种商品的需求量随着收入的增加而增加，随着收入的减少而减少，这是大多数商品的性质，这类商品被称为正常品；如果需求的收入弹性系数为负值，则 $E_m < 0$，说明消费者对这种商品的需求量随着收入的增加而减少，随着收入的减少而增加，这类商品被称为低档品。

在正常品中，可进一步细分。如果一种商品需求量增长的速度低于收入增加的速度，$0 < E_m < 1$，则该商品被称为生活必需品；如果一种商品需求量增长的速度高于收入增加的速度，$E_m > 1$，则该商品被称为奢侈品。

不同商品在一定的收入范围内具有不同的收入弹性，同一商品在不同的收入范围内也具有不同的收入弹性。收入弹性并不取决于商品本身的属性，而取决于消费者购买时的收入水平。

研究需求的收入弹性，可以为经济规划、产业结构调整以及投资决策提供非常重要的依据。需求的收入弹性还可以用来测度不同行业或产业的收入增长趋势，为个人就业选择以及个人理财提供十分有用的信息。

（四）需求交叉价格弹性

1. 需求交叉价格弹性的定义与计算方法

需求交叉价格弹性简称为需求的交叉弹性，表示在一定时期内，一种商品（X）的需求量变动对其相关商品（Y）价格变动的反应程度或敏感程度。其弹性系数等于一种商品需求量（Q_X）的变动率与引起该变化的另一种商品价格（P_Y）变动率的比值。

需求交叉价格弹性的弧弹性系数定义为：

$$E_{XY}=\frac{\frac{\Delta Q_X}{Q_X}}{\frac{\Delta P_Y}{P_Y}}=\frac{\Delta Q_X}{\Delta P_Y}\cdot\frac{P_Y}{Q_X} \tag{1.20}$$

式（1.20）中，E_{XY}表示需求交叉价格弹性的弧弹性系数；Q_X 和 ΔQ_X 分别表示一种商品（X）的需求量和其变动量；P_Y 和 ΔP_Y 分别表示另一种商品（Y）的价格和其变动量。

需求交叉价格弹性的点弹性系数定义为：

$$E_{XY}=\frac{\frac{dQ_X}{Q_X}}{\frac{dP_Y}{P_Y}}=\frac{dQ_X}{dP_Y}\cdot\frac{P_Y}{Q_X} \tag{1.21}$$

2. 用需求交叉价格弹性对商品进行分类

需求交叉价格弹性系数的符号取决于两种商品之间的相互关系。如果 X 和 Y 两种商品互为替代品，则 Y 商品价格的上升将使消费者减少 Y 商品的需求量，转而购买与 Y 成替代关系的 X 商品，从而导致 X 商品的需求量增加。从而需求的交叉价格弹性系数 $E_{XY}>0$；相反，如果 X 和 Y 两种商品是互补关系，则需求的交叉价格弹性系数 $E_{XY}<0$。

我们也可以根据交叉价格弹性系数的符号判断两种商品之间的关系。如果两种商品之间的交叉价格弹性系数 $E_{XY}>0$，则两者之间是替代关系；反之，如果 $E_{XY}<0$，则两者之间是互补关系。

（五）供给弹性

1. 供给弹性的定义与计算方法

供给弹性又称供给价格弹性，表示在一定时期内，一种商品的供给量对其价格变动的反应程度或敏感程度，其弹性系数等于该商品供给量的变动率与该商品价格的变动率之比。

供给弹性的弧弹性系数定义为：

$$E_S=\frac{\frac{\Delta Q}{Q}}{\frac{\Delta P}{P}}=\frac{\Delta Q}{\Delta P}\cdot\frac{P}{Q} \tag{1.22}$$

式（1.22）中，E_S 表示供给弹性的弧弹性系数；Q 和 ΔQ 分别表示供给量和其变动量；P 和 ΔP 分别表示价格和其变动量。

供给弹性的点弹性系数定义为：

$$E_S = \frac{\frac{dQ}{Q}}{\frac{dP}{P}} = \frac{dQ}{dP} \cdot \frac{P}{Q} \tag{1.23}$$

2. 供给弹性的五种类型

①$E_S = 0$，供给完全无弹性。表明无论价格怎样变动，商品的供给量都保持不变，商品的供给曲线是一条垂直的直线。

②$0 < E_S < 1$，供给缺乏弹性。商品的供给量的变动率小于其价格的变动率，即相对于价格的变动，供给量变动不敏感。若供给曲线为一条直线，则供给曲线先与横轴交，再与纵轴延伸线相交。

③$E_S = 1$，供给为单位弹性。商品的供给量的变动率等于其价格的变动率。如果某种商品的供给曲线是一条过原点向右上方倾斜的直线，则供给具有单位弹性。

④$1 < E_S < +\infty$，供给富有弹性。商品的供给量的变动率大于其价格的变动率。若供给曲线为一条直线，则供给曲线先与纵轴交，再与横轴延伸线相交。

⑤$E_S \to +\infty$，供给完全有弹性。表明在既定价格水平上，商品的供给量将会无限大，商品的供给曲线是一条水平的直线。

3. 影响供给弹性的因素

（1）生产者调整供给量的时间。

当商品价格发生变化时，生产者能够进行供给调整的时间越短，供给量变动就越小，从而供给弹性就越小；反之，允许生产者调整供给的时间越长，供给弹性就会相对越大。

（2）生产周期的长短。

在一定时期内某种商品的生产周期越长，该商品的供给弹性就越小；反之，供给弹性就越大。

（3）生产者所使用的生产技术类型。

一般而言，生产技术越复杂，技术越先进，机器设备占用越多，生产周期越长，相应于价格变动，生产者调整供给量的难度就越大，供给弹性就越小；反之，供给弹性就相对越大。

此外，现有生产能力的利用程度、成本的变化、行业壁垒的高低、生产者对未来价格的预期等因素，都会影响供给弹性。总之，价格以外影响供给量的因素都可能影响到生产者对供给量的调整速度，因而它们共同决定了一种商品的供给弹性系数的大小。

实验 1.4

二、实验操作

【实验 1.4】需求价格弹性实验

实验目的：掌握需求价格点弹性的计算，理解需求价格点弹性与需求曲线斜率的关系。

实验内容：

第一步，以需求函数 $Q = a - bP$ 为例生成模拟数据，当 $a = 120$，$b = 20$ 时，生成的模拟数据如表 1 - 6 所示。使用表中的数据绘制需求曲线，如图 1 - 14 所示。需求曲线参数 a 和 b 的调节面板如图 1 - 15 所示。

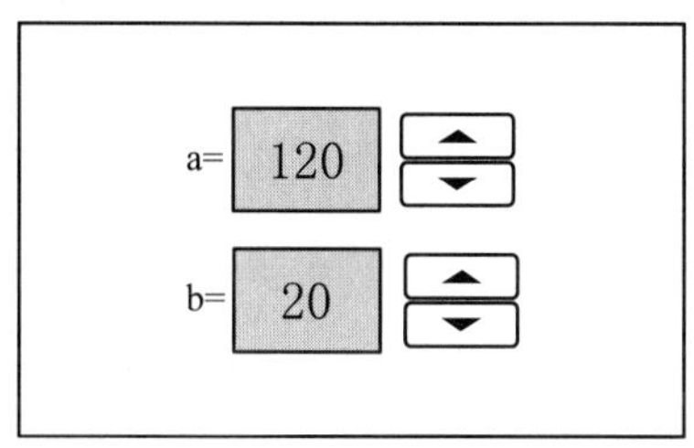

图 1 - 15　需求曲线参数 a 和 b 的调节面板

参数 a 的取值范围为［100，160］，步长为 5，默认值为 120；参数 b 的取值范围为［1，100］，步长为 1，默认值为 20。

第二步，计算每个组合点位置的需求价格点弹性。在图 1 - 16 中，通过点击调节按钮，系统自动计算出所选择组合点的需求价格点弹性。

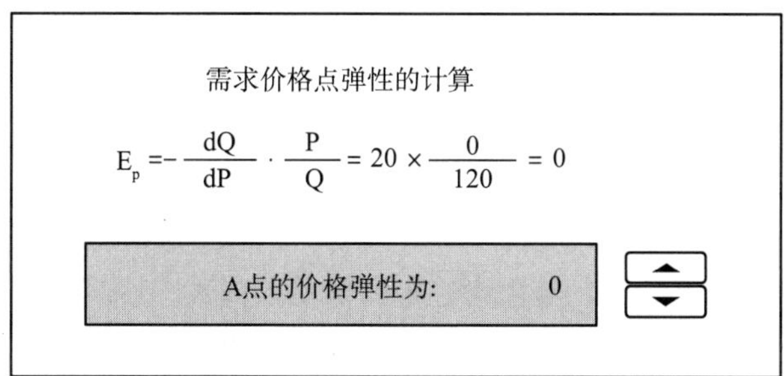

图 1 - 16　需求价格点弹性的计算

第三步，观察每个组合点的弹性与其所在需求曲线上位置的关系。在同一条线性需求曲线上，虽然每个点的斜率相同，但点的位置不同，其需求价格点弹性是不同的。学生还可以通过调节参数 a 和 b 的数值，改变需求曲线的截距和斜率。弹性系数的大小除了受曲线斜率影响外，还受点在曲线上的位置的影响。

【实验 1.5】供给弹性实验

实验 1.5

实验目的：掌握供给点弹性的计算，掌握供给曲线处于不同位置时供给弹性的大小。

实验内容：

第一步，以供给函数 $Q = -c + dP$ 为例生成模拟数据，当参数 $c = 40$，$d = 20$ 时生成的模拟数据如表 1－7 所示。

表 1－7　　供给函数 $Q = -40 + 20P$ 生成的模拟数据

价格与数量的组合点	A	B	C	D	E	F
价格（元/千克）	2	3	4	5	6	7
供给量（千克）	0	20	40	60	80	100

供给曲线参数 c 和 d 的调节面板如图 1－17 所示。

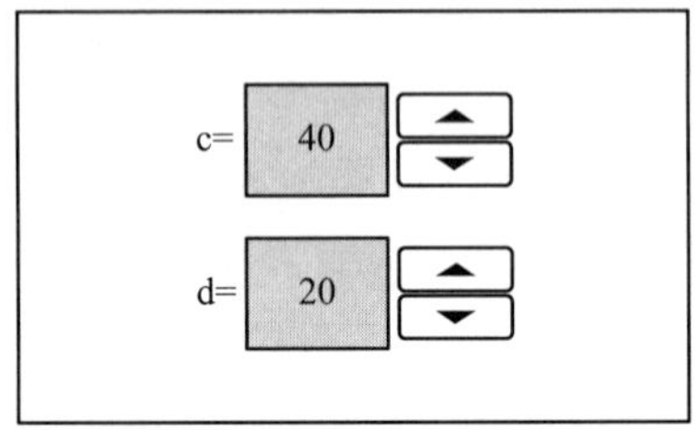

图 1－17　供给曲线参数 c 和 d 的调节面板

参数 c 的取值范围为［－20，50］，步长为 5，默认值为 40；参数 d 的取值范围为［1，30］，步长为 1，默认值为 20。

使用表 1－7 中的数据，绘制供给曲线，如图 1－18 所示。

第二步，计算每个组合点位置的供给点弹性。在图 1－19 所示的面板中，通过点击调节按钮，系统自动计算出所选择组合点的供给点弹性。

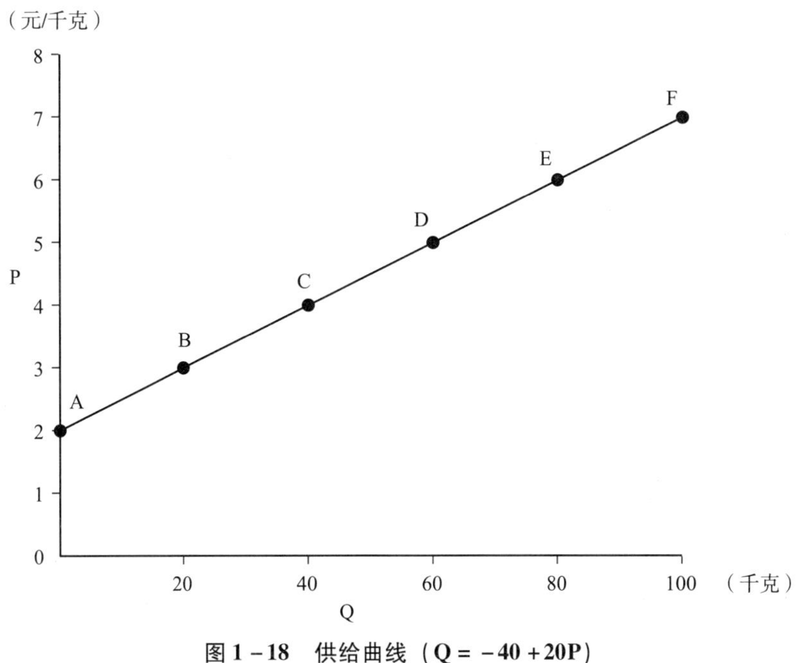

图 1－18　供给曲线（Q＝－40＋20P）

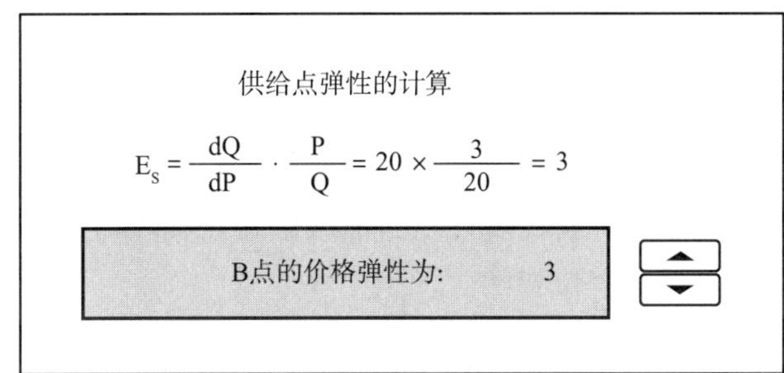

图 1－19　供给点弹性的计算

第三步，在图 1－17 所示的调节面板中，通过调节参数 c 和 d 的大小，改变供给函数斜截式方程的截距和斜率数值，供给函数的斜截式方程如图 1－20 所示。

供给函数的斜截式方程截距为正时，线性供给曲线先与纵轴交，再与横轴延伸线相交；截距为负时，线性供给曲线先与横轴交，再与纵轴延伸线相交；截距为零时，线性供给曲线是一条过原点向右上方倾斜的直线。

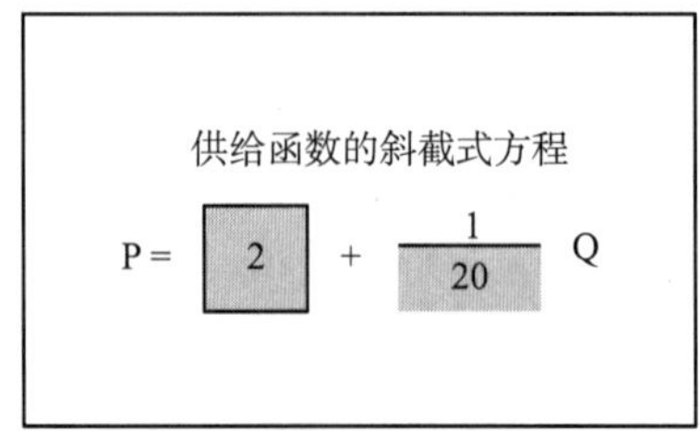

图 1－20　供给函数的斜截式方程

当斜率为 1/20，截距分别为 2、0 和 －2 时，供给曲线上各点供给点弹性的弹性系数如表 1－8 所示。

表 1－8　位于不同位置的供给曲线上各点的供给点弹性（斜率为 1/20）

供给曲线上的点	A	B	C	D	E	F
截距为 2	—	3	2	1.7	1.5	1.4
截距为 0	—	1	1	1	1	1
截距为 －2	—	—	—	0.3	0.5	0.6

说明："—" 表示该点处厂商没有供给。

由表 1－8 可以看出，线性供给曲线的截距为正时，供给弹性系数大于 1，供给富有弹性；线性供给曲线的截距为负时，供给弹性系数小于 1，供给缺乏弹性；线性供给曲线的截距为零时，供给弹性系数等于 1，供给具有单位弹性。

参考答案

三、巩固练习

1. 若某商品的需求曲线为一条向右下方倾斜的直线，则该商品的需求价格弹性（　　）。

A. 等于该需求曲线的斜率

B. 等于 1

C. 等于 －1

D. 随着商品价格的变动而变动

2. 若某商品的价格下降 5% 时，其销售量增加 10%，则（　　）。

A. 厂商的收益与价格同方向变动

B. 厂商的收益和价格反方向变动

C. 厂商的收益与价格同比例变动

D. 厂商的收益固定不变

3. 若某商品需求的收入弹性大于1，则该商品为（　　）。

A. 高档品　　B. 低档品

C. 生活必需品　　D. 吉芬商品

4. 有两种商品，其中一种商品的价格下降时，这两种商品的销售量同时增加，则二者的交叉价格弹性系数为（　　）。

A. 正　　B. 负　　C. 0　　D. 1

5. 若供给曲线为一条向右上方倾斜的直线，其先与横轴（数量轴）相交，再与纵轴（价格轴）延伸线相交，则其供给弹性是（　　）的。

A. 富有弹性　　B. 单位弹性

C. 缺乏弹性　　D. 完全无弹性

第二章
效用理论

第一节　基数效用论

基数效用论

一、理论概述

（一）总效用和边际效用

1. 叙述法

总效用（TU）是指在一定时期内消费者连续消费一定数量的商品或服务所获得的效用满足程度的总量。

边际效用（MU）是指在一定时期内消费者从增加1单位商品或服务的消费中所得到的效用增加量。

总效用是消费者在一时期内所消费的每1单位商品或服务得到的效用加总，它取决于消费商品的总量。当边际效用为正时，总效用随着消费数量的增加而增加。消费者从每单位商品和服务中得到的效用即边际效用，随着消费数量的增加而减少。

2. 代数法

假定消费者消费一种商品或服务的数量为Q，则总效用函数可表示为：

$$TU = U(Q) \tag{2.1}$$

边际效用函数可表示为：

$$MU = \frac{\Delta TU(Q)}{\Delta Q} \tag{2.2}$$

或

$$MU = \frac{dTU(Q)}{dQ} \tag{2.3}$$

3. 几何法

假定消费者消费某商品的总效用和边际效用如表 2－1 所示。

表 2－1　　消费者消费某商品的总效用和边际效用

消费数量（Q）	0	1	2	3	4	5	6	7
总效用（TU）	0	10	18	24	28	30	30	28
边际效用（MU）	—	10	8	6	4	2	0	－2

表 2－1 中的数字显示了消费者消费某商品时，随着消费数量的增加，总效用和边际效用的变化过程。根据表中数据画出总效用曲线和边际效用曲线如图 2－1 所示。

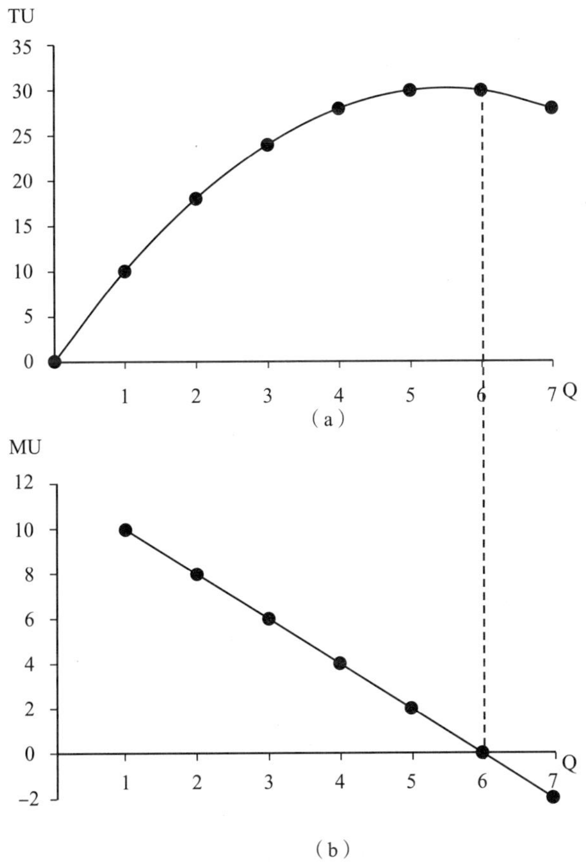

图 2－1　总效用曲线和边际效用曲线

图2-1表明，总效用TU随着商品消费量的增加逐渐增加，但是以递减的速度增加；在达到消费饱和点（图2-1中的6个单位）后，开始随着商品消费量的增加而减少。边际效用随着商品消费量的增加而减少，开始为正，逐渐减小为零，直至变为负值。

边际效用和总效用之间的关系：边际效用为正时，总效用增加；边际效用为零时，总效用达到最大；边际效用为负时，总效用减少。经济学只研究边际效用为正的情况。

（二）边际效用递减规律

1. 叙述法

边际效用递减规律是指，在一定时期内，随着消费者连续增加某种商品或服务的消费量，在其他商品或服务消费量不变的条件下，消费者从每增加1单位该商品或服务的消费中所获得的效用增加量是逐渐递减的。

2. 代数法

边际效用递减规律可用公式表示为：

$$\frac{dMU}{dQ}=\frac{d^2TU}{dQ^2}<0 \tag{2.4}$$

式（2.4）表示边际效用MU随着Q的增加而减少，随着Q的减少而增加。

（三）消费者均衡（效用最大化）

如果在现行的商品价格和既定的货币收入条件下，消费者购买的各种商品的数量实现了效用最大化，并保持这种状况不变（既不想再增加，也不想再减少任何一种商品的购买量），这种状态就是消费者均衡。

1. 消费者只消费一种商品

（1）叙述法。

假定消费者的货币收入是既定的，并且在这个收入范围内，每单位货币的边际效用保持不变。消费者购买商品的过程实际上就是用货币的效用去交换商品效用的过程。假定货币的边际效用为λ，商品的价格为P，消费者购买一单位商品付出的效用是λP，获得的效用是边际效用MU。当增加一单位商品消费获得的效用超过为此付出的代价，即$MU>\lambda P$时，消费者就会增加商品的消费数量，随着消费数量的增加，边际效用递减；相反，当$MU<\lambda P$时，消费者就会减少商品的消费数量，随着消费数量的减少，边际效用递增；当$MU=\lambda P$时，

消费者处于最优状态并将不再调整消费数量。

（2）代数法。

消费者实现均衡的条件是：

$$MU = \lambda P \tag{2.5}$$

或

$$\frac{MU}{P} = \lambda \tag{2.6}$$

在每单位支出购买商品所获得的边际效用恰好等于货币的边际效用时，消费者实现效用最大化，从而处于消费者均衡状态。

2. 消费者消费两种商品

（1）叙述法。

假定消费者消费两种商品，两种商品的边际效用分别为 MU_1 和 MU_2，两种商品的数量分别为 Q_1 和 Q_2，价格分别为 P_1 和 P_2，假定两种商品的价格既定不变。

消费者用最后 1 单位货币购买每种商品所带来的边际效用相等时，消费者效用达到最大。在消费者收入既定条件下，消费者用于消费两种商品的支出之和不能超过总收入。

（2）代数法。

在消费者既定收入约束下，消费者均衡的条件可用公式表示为：

$$\begin{gathered} \frac{MU_1}{P_1} = \frac{MU_2}{P_2} = \lambda \\ P_1Q_1 + P_2Q_2 = m \end{gathered} \tag{2.7}$$

在式（2.7）中，如果$\frac{MU_1}{P_1} > \frac{MU_2}{P_2}$，则说明消费者用 1 单位货币购买第一种商品获得的边际效用大于购买第二种商品获得的边际效用。这时，理性消费者会减少第二种商品的消费数量，增加第一种商品的消费数量，这样会使消费者的总效用增大。由于边际效用递减规律的作用，$\frac{MU_1}{P_1}$会随着第一种商品消费数量的增加而下降，$\frac{MU_2}{P_2}$会随着第二种商品消费数量的减少而上升。消费者的上述调整直到$\frac{MU_1}{P_1} = \frac{MU_2}{P_2}$为止。

如果$\frac{MU_1}{P_1} < \frac{MU_2}{P_2}$，则说明消费者用 1 单位货币购买第一种商品获得的边际效用小于购买第二种商品获得的边际效用。这时，理性消费

者会减少第一种商品的消费数量，增加第二种商品的消费数量，这样会使消费者的总效用增大。所以，消费者实现效用最大化的均衡条件为$\frac{MU_1}{P_1}=\frac{MU_2}{P_2}$。

（四）消费者的需求曲线

1. 消费者个人需求曲线的推导

以只消费一种商品为例，消费者均衡条件为：$MU=\lambda P$。假定货币边际效用不变，消费者不存在收入约束。消费者在收入与商品价格既定的条件下，消费者按照效用最大化原则对消费数量进行调整。当商品价格发生变动时，比如价格下降，此时，$MU>\lambda P$，消费数量的变化应该使得边际效用下降，根据边际效用递减规律，消费者应该增加消费数量，直到达到新的消费者均衡。通过消费者均衡条件，给定商品价格后会得到对应的最优购买量，商品价格与需求量之间建立的对应关系就是消费者个人需求曲线。

边际效用递减规律决定了消费者的需求曲线向右下方倾斜。需求曲线上的每一点都是实现效用最大化的消费者均衡点。

2. 市场需求曲线

在某种商品的市场上，所有消费者的需求曲线水平相加，就得到市场需求曲线。如果所有的消费者个人需求曲线都是向右下方倾斜的，则市场需求曲线也是向右下方倾斜的。

（五）消费者剩余

1. 消费者剩余的概念

（1）叙述法。

消费者剩余（CS）是消费者消费一定数量的某种商品愿意支付的最高价格与这些商品的实际市场价格之间的差额。消费者剩余是消费者在消费商品时得到的总效用与实际付出的总效用的差额，消费者剩余是一种主观感受，衡量了消费者自己感觉到所获得的额外利益。

（2）几何法。

消费者剩余可用位于需求曲线以下，市场价格线以上和价格轴之间围成的几何图形的面积表示。

2. 消费者剩余的计算

（1）积分法。

已知消费者需求函数的反函数为 $P=g(Q)$，当市场价格为 P_0，需求量为 Q_0 时，消费者剩余可用定积分方法计算如下：

$$CS = \int_0^{Q_0} g(Q)dQ - P_0Q_0 \tag{2.8}$$

（2）面积法。

如果需求曲线是线性的或消费者剩余区域是规则的，可以采用计算面积的方法计算消费者剩余。

（3）累加法。

如果消费者消费的商品是离散可数的，可将每单位商品消费者愿意支付的价格与实际支付的价格差额累加，得到消费者剩余。

3. 消费者剩余的意义

消费者剩余是衡量消费者福利的重要指标，它是对消费者从交换中所得净利益的一种货币衡量。与消费者剩余相对应的，还有一个概念是生产者剩余。消费者剩余和生产者剩余之和常被用来衡量市场配置资源效率的高低和社会福利状况的变化，为政府制定公共政策提供标准和依据。

二、实验操作

实验 2.1

【实验 2.1】基数效用实验

实验目的：理解消费者个人需求曲线的推导，掌握消费者剩余的概念和计算。

实验内容：

第一步，根据表 2－1 中的数据，绘制消费者消费某商品的边际效用曲线。在表 2－2 中，对应于每一价格水平，根据消费者均衡的条件，计算出消费者的需求量。

表 2－2　　消费者均衡时的需求量

价格（P）	6	5	4	3	2	1	0
需求量（Q）	0	1	2	3	4	5	6

根据表 2－2 中的数据绘制消费者的个人需求曲线。如图 2－2 所示。

第二步，消费者个人需求曲线的推导操作面板中，如图 2－3 所示，学生通过点击调节按钮，操作面板中自动计算每个价格水平下的消费者均衡条件及需求量，进而可以观察边际效用曲线和消费者个人需求曲线之间的对应关系。

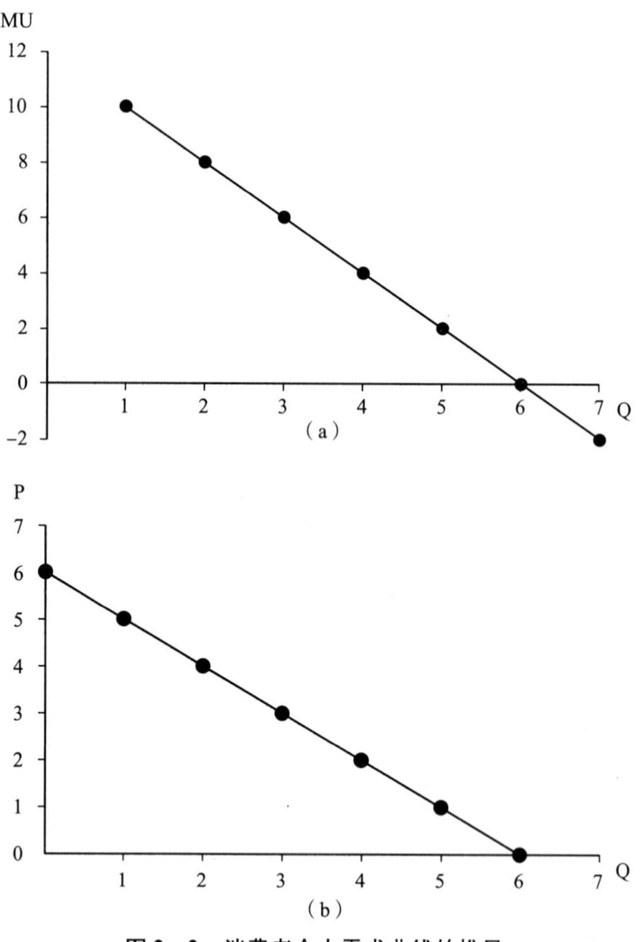

图 2-2　消费者个人需求曲线的推导

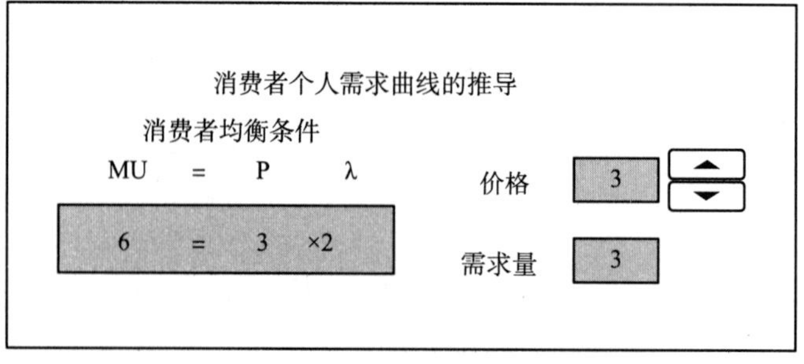

图 2-3　消费者个人需求曲线的推导操作面板

第三步，消费者剩余的概念和计算。对应于每一价格水平，在消费者剩余计算区域，如图 2-4，显示了用效用和货币两种方式表示的消费者剩余。

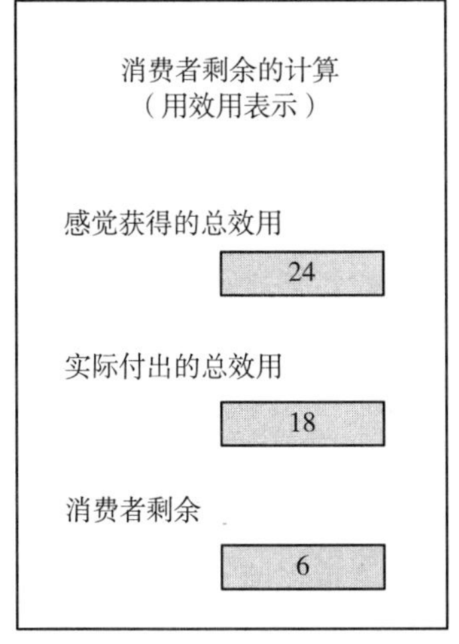

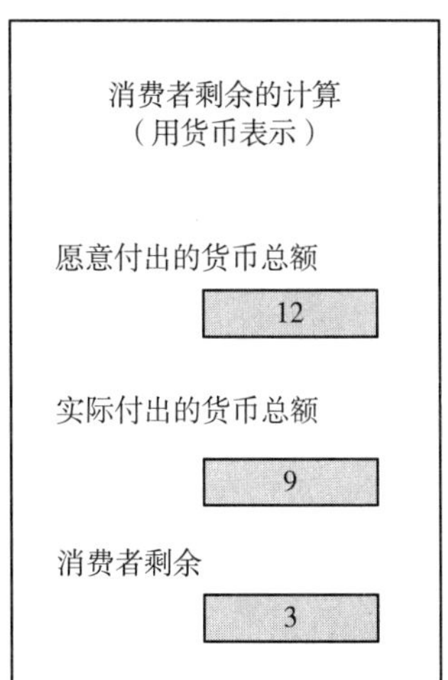

图 2－4　消费者剩余的计算

在图 2－5 中，从几何角度，将消费者剩余表示为位于需求曲线以下，市场价格线以上和价格轴之间围成的几何图形的面积。学生调整价格水平后，该图形将随之动态变化。

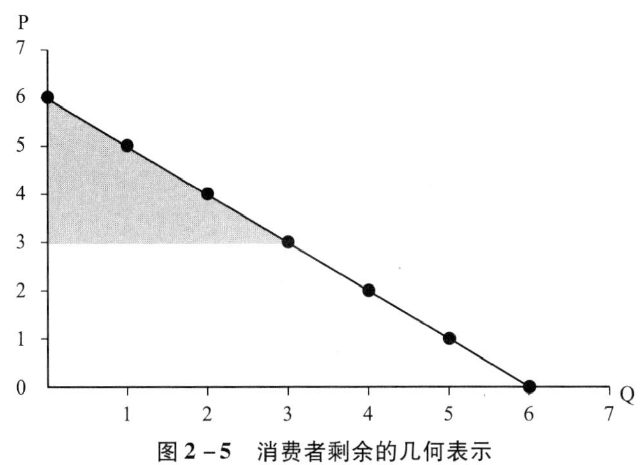

图 2－5　消费者剩余的几何表示

三、巩固练习

1. 关于边际效用和总效用之间的关系，下面表述不正确的是（　　）。

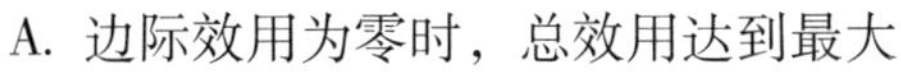

A. 边际效用为零时，总效用达到最大

B. 边际效用为总效用曲线的切线斜率

C. 边际效用为总效用函数的一阶导数

D. 边际效用为总效用与消费数量之比

2. 关于边际效用递减规律，下列说法不正确的是（　　）。

A. 边际效用的大小同消费者的消费数量成反比

B. 边际效用的大小同消费者的收入水平成反比

C. 边际效用是特定时间内的效用

D. 边际效用是消费者连续增加消费数量时的效用

3. 消费者消费两种商品，如果$\frac{MU_1}{P_1} < \frac{MU_2}{P_2}$时，理性消费者会（　　）。

A. 减少第一种商品的消费数量，增加第二种商品的消费数量

B. 增加第一种商品的消费数量，减少第二种商品的消费数量

C. 减少第一种商品的消费数量，减少第二种商品的消费数量

D. 保持两种商品的现有消费数量不变

4. 在现行的商品价格和既定的货币收入条件下，消费者消费两种商品实现均衡时，（　　）。

A. 两种商品的总效用相等

B. 两种商品的边际效用相等

C. 两种商品的价格相等

D. 两种商品的边际效用和价格之比相等

5. 消费者剩余是（　　）。

A. 消费者购买商品后剩余的货币

B. 消费者没有购买的部分商品

C. 消费者在消费商品中获得的主观心理感受

D. 消费者在消费商品中获得的实际效用

第二节　序数效用论

序数效用论

一、理论概述

（一）消费者偏好

1. 偏好的假定

偏好是消费者对商品或者商品组合的喜好程度。商品组合又被称

为消费束，是一种或多种商品数量的集合。为便于分析，假定消费者只选择两种商品，这两种商品的数量组合表示为（Q_1，Q_2）。在序数效用论中，消费者的偏好假定满足以下公理。

第一，完备性。消费者对任意两个商品组合都能进行比较、判断和排序。

第二，传递性。对于任何商品组合 A、B、C，如果消费者对 A 的偏好不低于 B，对 B 的偏好又不低于 C，则该消费者对 A 的偏好一定不低于 C。

第三，非饱和性。消费者更偏好于数量大的商品组合。

第四，凸性。消费者更偏好于多样性的商品组合。

2. 偏好的分析工具

（1）代数法——效用函数。

序数效用论的效用函数要能够表示消费者偏好关系的所有顺序。消费者消费两种商品的效用函数可写为：

$$TU = U(Q_1, Q_2) \tag{2.9}$$

这里的效用函数不代表消费者对商品组合的效用满足值，只反映商品组合满足消费者偏好的顺序。效用函数不唯一，严格递增函数及对其正单调变换得到的函数可以表示相同的偏好。效用函数数值的取值大小无关紧要，只要能对不同商品组合进行排序即可。

（2）几何法——无差异曲线。

①无差异曲线的定义。我们以效用函数 $TU = Q_1Q_2$ 为例，假定 TU 效用指数为 25 时，选定若干组商品组合，如表 2－3 所示。

表 2－3　　以 $Q_1Q_2 = 25$ 生成的商品组合数据

商品组合	A	B	C	D	E	F	G
Q_1	1	2	3	5	8	12	25
Q_2	25	12	8	5	3	2	1

表 2－3 中这些商品组合能够为消费者带来完全相同的满足程度，即所有的商品组合对于消费者来说是无差异的。将这些点绘制在以 Q_1 为横轴，以 Q_2 为纵轴的直角坐标系中，得到无差异曲线，如图 2－6 所示。

无差异曲线表示给消费者带来相同满足程度的不同商品组合点组成的线。一条特定的无差异曲线，可用公式表示为：

$$U(Q_1, Q_2) = U_0 \tag{2.10}$$

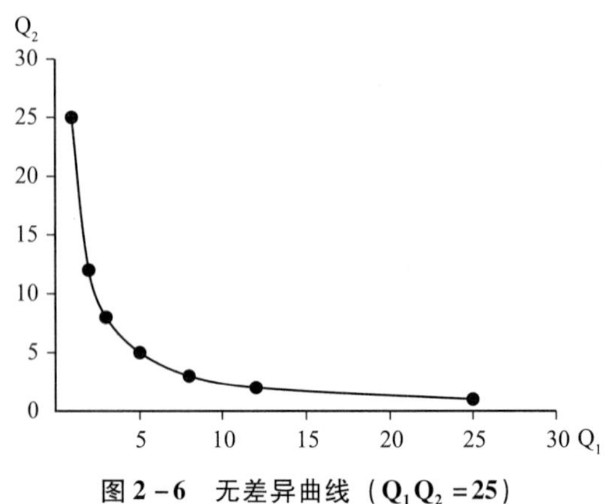

图 2-6　无差异曲线（$Q_1Q_2=25$）

在式（2.10）中，当 U_0 取不同的数值时，会得到不同的无差异曲线。在直角坐标系中存在无数条无差异曲线，这无数条无差异曲线全体构成的坐标图，被称作无差异曲线图。

②无差异曲线的特征。无差异曲线通常具有以下特征：

第一，无差异曲线向右下方倾斜，凸向原点。

第二，无差异曲线有无数条，离原点越远的无差异曲线代表的效用水平越高。

第三，任意两条无差异曲线都不相交。

3. 边际替代率

（1）边际替代率的概念。

①叙述法。在效用水平保持不变的前提条件下，消费者增加 1 个单位的第一种商品可以替代第二种商品的数量，被称为第一种商品对第二种商品的边际替代率，记作 $MRS_{1,2}$。

②代数法。第一种商品对第二种商品的边际替代率可用公式表示为：

$$MRS_{1,2} = -\frac{\Delta Q_2}{\Delta Q_1}\bigg|_{U不变} \tag{2.11}$$

或

$$MRS_{1,2} = -\frac{dQ_2}{dQ_1}\bigg|_{U不变} \tag{2.12}$$

定义中，商品之间进行相互替代的前提是效用水平不变，在第一种商品数量增加时，第二种商品数量一般会减少，所以在公式中添加负号以使边际替代率为正值。

③几何法。无差异曲线上任意一点的边际替代率就是该点斜率的绝对值。

（2）边际替代率与边际效用。

边际替代率的前提是保持效用水平不变。在该前提下，消费者增加第一种商品的数量所增加的效用恰好弥补第二种商品数量减少所减少的效用。假定第一种商品的变化数量为 ΔQ_1，其效用改变量为 $MU_1 \cdot \Delta Q_1$，第二种商品的变化数量为 ΔQ_2，其效用改变量为 $MU_2 \cdot \Delta Q_2$。在效用水平不变的条件下有：

$$MU_1 \cdot \Delta Q_1 + MU_2 \cdot \Delta Q_2 = 0 \tag{2.13}$$

整理得：

$$MRS_{1,2} = -\frac{\Delta Q_2}{\Delta Q_1} = \frac{MU_1}{MU_2} \tag{2.14}$$

该式给出了两种商品之间的边际替代率与它们各自的边际效用之间的关系，同时也给出了一种给定效用函数后计算边际替代率的方法。

（3）边际替代率递减规律。

边际替代率递减规律是指在保持效用水平不变的条件下，随着一种商品消费数量的连续增加，消费者增加一单位该商品的消费而愿意放弃的另外一种商品的消费数量逐渐减少，即随着一种商品数量的连续增加，它对另外一种商品的边际替代率递减。

由于边际替代率递减，无差异曲线斜率的绝对值递减，无差异曲线凸向原点。

（4）无差异曲线的特例。

①完全替代品的无差异曲线。完全替代品是指两种商品之间的替代比例是固定不变的。在两种商品完全替代的情况下，无差异曲线是一条向右下方倾斜且斜率不变的直线。两种商品的边际替代率为常数。

②完全互补品的无差异曲线。完全互补品是指两种商品必须按照固定不变的比例同时被使用。在两种商品完全互补的情况下，无差异曲线是一条直角拐线。在垂直的部分，边际替代率无穷大，在水平的部分，边际替代率为零。

（二）预算约束线

1. 预算约束线的定义

（1）叙述法。

预算约束表示在消费者收入和商品价格既定的条件下，消费者使用全部收入所能购买到的不同数量的商品组合。

（2）代数法。

假定消费者的既定收入为 m，两种商品的既定价格分别为 P_1 和

P_2。消费者的预算约束可表示为：

$$P_1Q_1 + P_2Q_2 = m \quad (2.15)$$

（3）几何法。

在消费者的收入和商品的价格既定条件下，消费者的预算约束线是一条向右下方倾斜的直线，其截距为 m/P_2，其斜率为（$-P_1/P_2$）。

预算约束线将可供消费者选择的两种商品组合范围分为三部分。在由预算约束线和两个坐标轴围成的区域，消费者的全部收入购买其中任意商品组合后还有剩余；在预算约束线以外的区域，消费者的既定收入无法购买到这些商品组合；在预算约束线上的商品组合是消费者使用既定收入所能购买到的最大商品组合。

2. 预算约束线的变动

消费者的预算约束线受到消费者的收入和两种商品的价格变动的影响。

（1）消费者收入变动时。

假定两种商品的价格保持不变时，如果消费者的收入增加，则预算约束方程的截距变大，预算约束线向右上方平行移动；如果消费者的收入减少，则预算约束方程的截距变小，预算约束线向左下方平行移动。

（2）某种商品的价格变动时。

假定消费者的收入和第二种商品的价格保持不变时，如果第一种商品的价格下降，则预算约束方程斜率绝对值变小，预算约束线以其与纵轴的交点为圆心逆时针旋转；如果第一种商品的价格上升，则预算约束方程斜率绝对值变大，预算约束线以其与纵轴的交点为圆心顺时针旋转。

消费者收入和两种商品价格的变动可组合成多种变动情况，他们会引起预算约束方程的截距、斜率变动或二者都发生变动，从而预算约束线发生位置的改变。

（三）消费者均衡

1. 叙述法

在消费者收入和两种商品价格既定的条件下，消费者试图选择使得自身效用最大的商品数量组合。在这一过程中，消费者受到追逐更高效用动机的驱使，同时也受到来自收入预算的制约。在这两种相反力量的作用下，当消费者选择了最优消费数量，将维持这种状态不变，此时消费者处于均衡状态。

2. 几何法

无差异曲线反映了消费者对两种商品组合的偏好，预算约束线显示了在消费者收入和两种商品价格既定的前提下，消费者对两种商品的最大消费组合。无差异曲线和预算约束线放在同一坐标系中，存在三种不同的关系：相交、相切和相离。

无差异曲线和预算约束线相切的切点是消费者均衡点，该点是消费者在现有预算约束下获得最大满足或最大效用水平的商品组合点。在消费者均衡点上，无差异曲线和预算约束线的斜率相等。由于无差异曲线斜率的绝对值是两种商品的边际替代率，预算线斜率的绝对值是两种商品的价格之比，因此，消费者均衡的条件是两种商品的边际替代率等于这两种商品的价格之比。

3. 代数法

消费者均衡的条件可用公式表示为：

$$MRS_{1,2}=\frac{P_1}{P_2} \qquad (2.16)$$

$$P_1Q_1+P_2Q_2=m$$

由于消费者消费两种商品的边际替代率 $MRS_{1,2}$ 等于这两种商品的边际效用之比，即：

$$MRS_{1,2}=\frac{MU_1}{MU_2} \qquad (2.17)$$

消费者均衡的条件又可以表示为：

$$\frac{MU_1}{MU_2}=\frac{P_1}{P_2} \qquad (2.18)$$

$$P_1Q_1+P_2Q_2=m$$

消费者均衡的条件表示两种商品的边际效用之比等于它们的价格之比。这一等式的经济含义是：在消费者均衡点上，消费者个人对两种产品的相对边际价值的估量，恰好等于这两种商品的相对市场价值。如果这两个比率不相等，那么消费者的收入在两种商品之间重新分配，能够带来更大满足。

消费者均衡的条件还可以表示为：

$$\frac{MU_1}{P_1}=\frac{MU_2}{P_2} \qquad (2.19)$$

$$P_1Q_1+P_2Q_2=m$$

上述条件表明，在消费者满足预算约束条件下，消费者花费在每种商品上的最后 1 单位货币购买到的边际效用相等。这与基数效用论的结论相同。

实验 2.2

二、实验操作

【实验 2.2】消费者均衡实验

实验目的：掌握效用函数、消费约束等概念，理解消费者均衡的条件。

实验内容：

第一步，效用函数以常见的柯布 - 道格拉斯函数 $U(Q_1, Q_2) = Q_1^\alpha Q_2^\beta$ 为例，假定 $Q_1^\alpha Q_2^\beta = U_0$，绘制无差异曲线，如图 2 -7 所示。

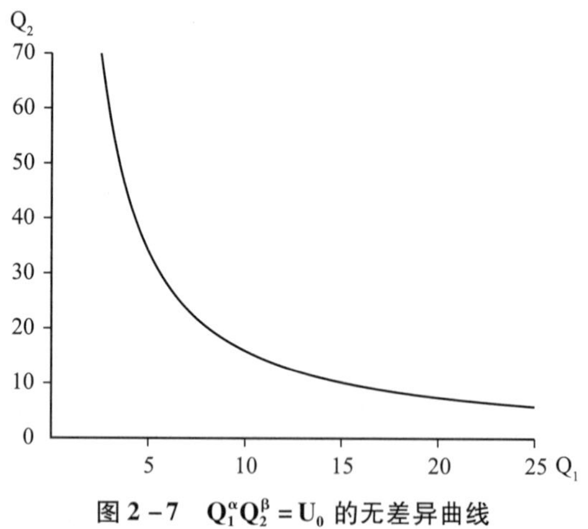

图 2 -7　$Q_1^\alpha Q_2^\beta = U_0$ 的无差异曲线

在无差异曲线操作面板中，可以通过调节 α、β 和 U_0 的数值，改变无差异曲线的位置和形状。无差异曲线操作面板，如图 2 -8 所示。

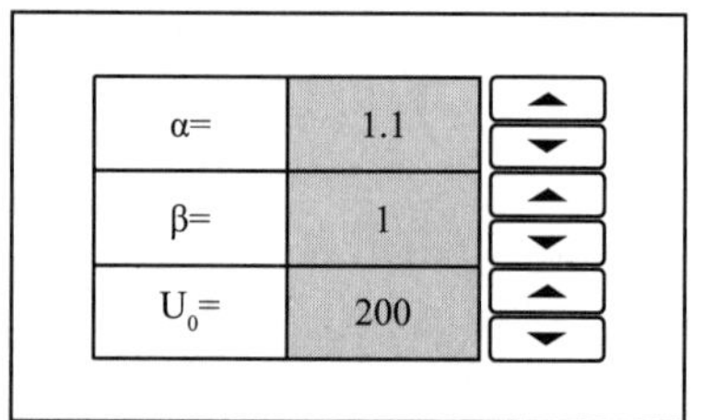

图 2 -8　无差异曲线参数设置操作面板

无差异曲线参数 α、β 的取值范围为［0.1，2］，每点击一次数值调节钮，数值变动 0.1；U_0 的取值范围为［10，300］，步长为 10。

图 2－7 中的无差异曲线是取 $\alpha=1.1$，$\beta=1$，$U_0=200$ 绘制的。

第二步，根据预算约束方程 $P_1Q_1+P_2Q_2=m$ 绘制预算约束线，如图 2－9 所示。

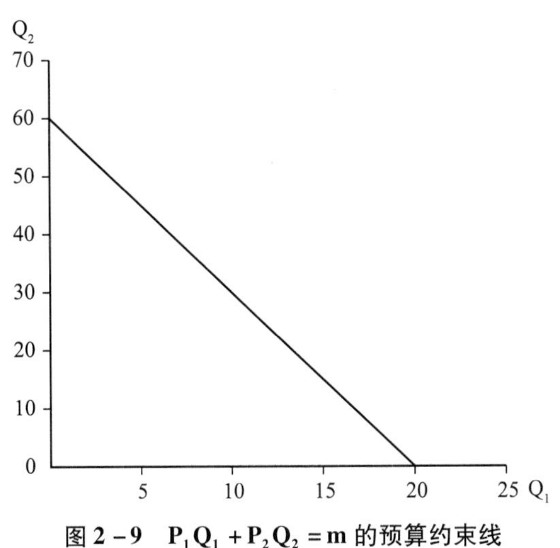

图 2－9　$P_1Q_1+P_2Q_2=m$ 的预算约束线

在预算约束线操作面板中，可以通过调节 P_1、P_2 和 m 的数值，改变预算约束线的位置。预算约束线操作面板，如图 2－10 所示。

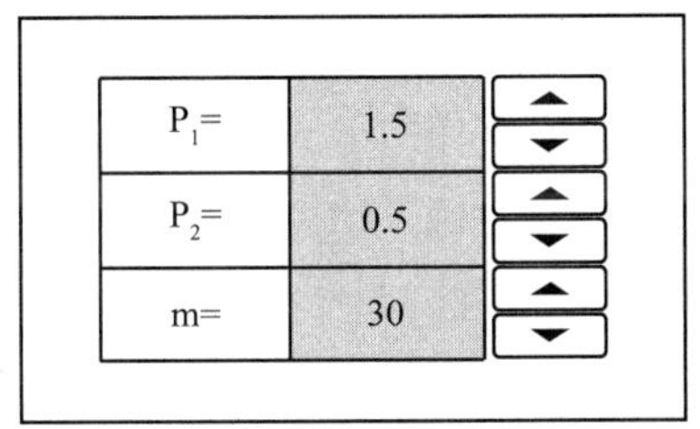

图 2－10　预算约束线参数设置操作面板

预算约束线参数 P_1、P_2 的取值范围为［0.1，3］，每点击一次数值调节钮，数值变动 0.1；m 的取值范围为［1，30］，步长为 0.1。图 2－9 中的预算约束线是取 $P_1=1.5$，$P_2=0.5$，$m=30$ 绘制的。

第三步，通过调节无差异曲线和预算约束线的位置，它们有相交、相切和相离三种情况。图 2－11 是它们相切即消费者均衡时的情况。

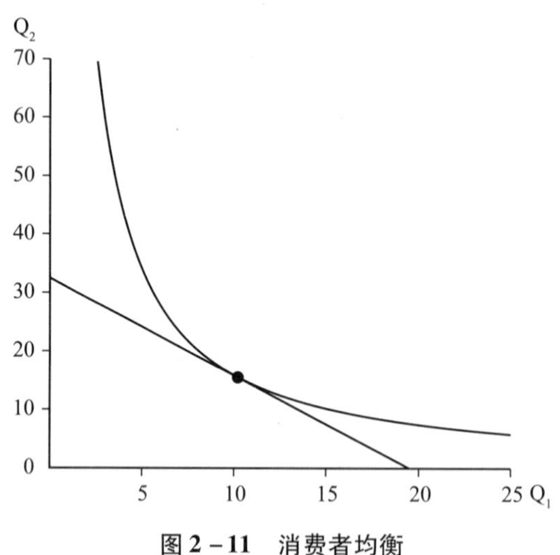

图 2 - 11　消费者均衡

在相交和相切时，同步计算出交点（以左上方的交点为例）或切点处的边际替代率和预算约束线斜率的绝对值，并比较二者的大小。

参考答案

三、巩固练习

1. 无差异曲线上任意一点的边际替代率等于（　　）。

A. 该点切线的斜率

B. 两种商品的价格之比

C. 两种商品的数量之比

D. 两种商品的边际效用之比

2. 预算约束线的截距和斜率取决于（　　）。

A. 消费者的收入

B. 消费者的偏好

C. 消费者的收入和两种商品的价格

D. 两种商品的价格

3. 假定两种商品的价格保持不变时，如果消费者的收入增加，则预算约束线将（　　）。

A. 向右上方平行移动

B. 向左下方平行移动

C. 围绕纵轴上的交点转动

D. 围绕横轴上的交点转动

4. 消费者购买两种商品时，预算线和无差异曲线相交，某交点处的边际替代率 $MRS_{1,2}=0.5$，商品 1 和商品 2 的价格分别为 3 和 4，消费者为了达到最大效用，他应当（　　）。

A. 增加商品 1 的购买量，减少商品 2 的购买量

B. 减少商品 1 的购买量，增加商品 2 的购买量

C. 增加商品 1 的购买量，且增加商品 2 的购买量

D. 减少商品 1 的购买量，且减少商品 2 的购买量

5. 如果消费者甲的 $MRS_{1,2}$ 小于消费者乙的 $MRS_{1,2}$，则（　　）会使总效用增加。

A. 甲用商品 1 交换乙的商品 2

B. 甲用商品 2 交换乙的商品 1

C. 甲用商品 1 交换乙的商品 1

D. 甲用商品 2 交换乙的商品 2

第三节 消费者均衡的比较静态分析

消费者均衡的比较静态分析

一、理论概述

（一）收入变动对消费者均衡的影响

1. 收入—消费曲线

假定消费者偏好和两种商品的价格保持不变的条件下，随着消费者收入的变动，消费者均衡点变动的轨迹，被称为收入—消费曲线。它反映了表示消费者最优选择的商品组合是如何随收入的变动而变动的。

收入—消费曲线有三种情况。当收入—消费曲线是一条向右上方倾斜的直线时，它表示随着消费者收入的增加，消费者对两种商品的消费数量同比例增加，这两种商品都是正常品；当收入—消费曲线是一条向右上方倾斜且向纵轴靠近，即第二种商品的数量超过第一种商品的数量时，它表示第一种商品为生活必需品，第二种商品为奢侈品；当收入—消费曲线是一条向右上方倾斜向纵轴靠近，且出现向后弯曲的形状时，它表示随着消费者收入的增加，当收入增加到一定程

度之后，第一种商品的消费量不仅不增加反而会减少，即第一种商品是低档品。

2. 收入—需求曲线（恩格尔曲线）

假定消费者偏好和两种商品的价格保持不变的条件下，随着消费者收入的变动，表示由消费者均衡点决定的消费者对第一种商品的均衡购买量与消费者收入之间变动关系的曲线，被称为收入—需求曲线。收入—需求曲线通常被称为恩格尔曲线。

恩格尔曲线也随商品性质的不同而不同。一般来说，生活必需品和高档品的需求量都随着收入的提高而增加，他们的恩格尔曲线都向右上方倾斜，但生活必需品的需求量增加的速度慢于收入提高的速度，所以其恩格尔曲线向纵轴弯曲；高档品的需求量增加的速度快于收入提高的速度，所以其恩格尔曲线向横轴弯曲；低档品的需求量随着收入的提高而减少，其恩格尔曲线向右下方倾斜。

（二）价格变动对消费者均衡的影响

1. 价格—消费曲线

假定消费者偏好和消费者收入既定不变，其他商品的价格也保持不变的条件下，消费者均衡点随着一种商品价格的变动而变动的轨迹，被称为价格—消费曲线。它反映了最优选择的商品组合是如何随其中一种商品价格的变动而变动的。

2. 价格—需求曲线（消费者需求曲线）

通过消费者的价格—消费曲线可以推导出消费者对一种商品的需求曲线。

对应于一种商品的价格，该价格与假定不变的其他商品价格一起决定了一条特定的预算约束线。在这一预算约束线上消费者选择的效用最大化的消费者均衡点所对应的该商品的消费量即为这一价格下的需求量。因而对应于该商品的一系列价格可以得到相应的一系列需求量，从而得到消费者的需求曲线。

（三）替代效应和收入效应

1. 替代效应和收入效应的含义

在消费者收入和其他商品价格不变的条件下，一种商品价格的变动会对消费者的需求量产生影响，这种影响被称为价格效应，也被称为总效应。价格效应可以分解为替代效应和收入效应两部分。

一种商品价格变动的替代效应，是指一种商品价格变动引起商品的相对价格发生变动，从而导致的消费者在维持原有效用水平不变条件下对商品需求量做出的调整，被称为替代效应；一种商品价格变动的收入效应，是指由于一种商品价格变动引起的消费者实际收入变动，从而导致消费者在保持价格不变的条件下对商品需求量做出的调整，被称为收入效应。

为了将价格变动导致的价格效应分解出替代效应和收入效应，假定将消费者的效用水平不变视作收入水平不变，根据假定作一条辅助预算线，也被称为补偿预算线，辅助预算线要与变动前的无差异曲线相切，与变动后的预算约束线平行。

在图 2-12 中，第一种商品价格下降后产生的价格效应使得消费者均衡点由 E 移动到 E′，其中替代效应使得均衡点由 E 移动到 E″，收入效应使得均衡点由 E″移动到 E′。

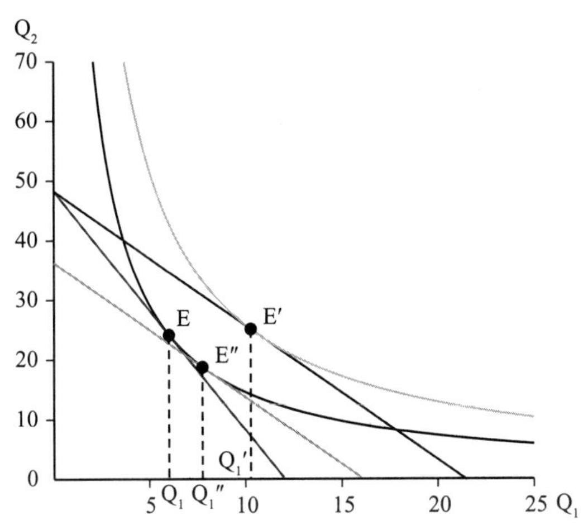

图 2-12 替代效应和收入效应

以 ΔQ_1 表示价格效应，即 $\Delta Q_1 = Q_1' - Q_1$；以 ΔQ_1^s 表示替代效应，即 $\Delta Q_1^s = Q_1'' - Q_1$；以 ΔQ_1^m 表示收入效应，即 $\Delta Q_1^m = Q_1' - Q_1''$。则有：

$$\Delta Q_1 = Q_1' - Q_1 = (Q_1'' - Q_1) + (Q_1' - Q_1'') = \Delta Q_1^s + \Delta Q_1^m$$

即：

价格效应 = 替代效应 + 收入效应

2. 正常品、低档品和吉芬品的价格效应

对于正常品而言，在其他条件不变的情况下，当该商品价格下降时，所产生的替代效应使其需求量增加，收入效应也使其需求量增加，总的价格效应一定是使其需求量增加的。因此，正常品的需求曲线向右下方倾斜。

对于低档品而言，价格下降所产生的替代效应使其需求量增加，但收入效用使其需求量减少。如果收入效应使其需求减少的量小于替代效应使其需求增加的量，则总的价格效应使其需求量增加，该商品为普通低档品，普通低档品的需求曲线仍然向右下方倾斜；如果收入效应使其需求减少的量大于替代效应使其需求增加的量，则总的价格效应使其需求量减少，该商品为吉芬品，吉芬品的需求曲线向右上方倾斜。价格下降后需求量的变动情况及需求曲线形状，如表 2 - 4 所示。

表 2 - 4　价格下降后需求量的变动情况及需求曲线形状

商品类型		替代效应	收入效应	价格效应	需求曲线形状
正常品		增加	增加	增加	向右下方倾斜
低档品	普通低档品	增加	减少	增加	向右下方倾斜
	吉芬品	增加	减少	减少	向右上方倾斜

实验 2.3

二、实验操作

【实验 2.3】价格效应分解实验

实验目的：理解价格效应、替代效应和收入效应等概念，掌握正常品、低档品和吉芬品价格效应的分解。

实验内容：

第一步，基本参数设置。效用函数和预算约束线的参数设置方法同上一节，其具体数值，如表 2 - 5 所示。

表 2 - 5　效用函数和预算约束的基本参数数值

参数	α	β	U_0	P_1	P_2	m
数值	1.1	1.1	240	1.6	0.4	19.3

表 2 - 5 中的参数数值仅供参考，学生也可尝试使用其他数值。使用表 2 - 5 中的参数数值时，得到价格变动前的消费者均衡，即 $Q_1 = 6.0$，$Q_2 = 24.1$。

第二步，变动第一种商品的价格，如 P_1 价格下降到 0.9，操作面板如图 2 - 13 所示。随着第一种商品价格的变动，预算约束线以纵轴交点为圆心进行旋转，得到新的预算约束线。

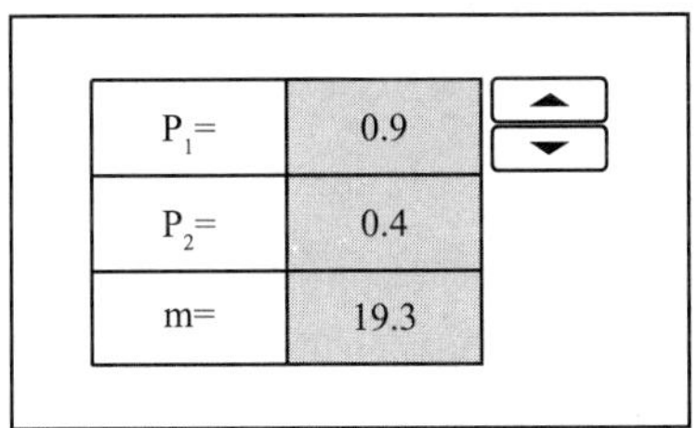

图 2－13　变动第一种商品的价格

第三步，调节无差异曲线的效用水平，找到与新预算约束线相切的无差异曲线，即得到新的消费者均衡点。如将效用水平调整为450，操作面板如图 2－14 所示。

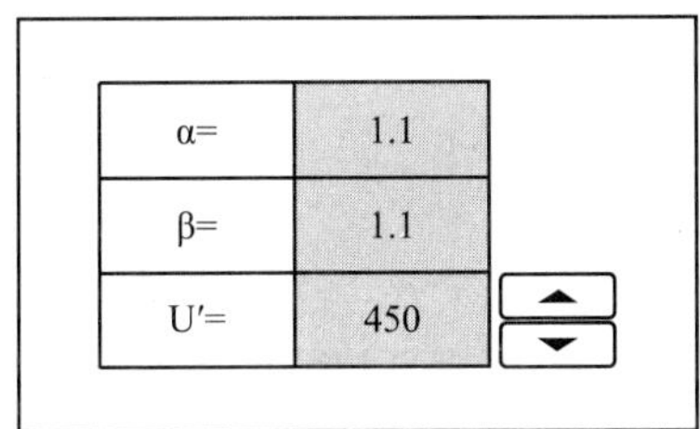

图 2－14　调节无差异曲线的效用水平

第四步，设定补偿预算线。通过调节新预算约束线的收入水平，如图 2－15 所示，得到与新预算约束线平行，且与原无差异曲线相切的补偿预算线。

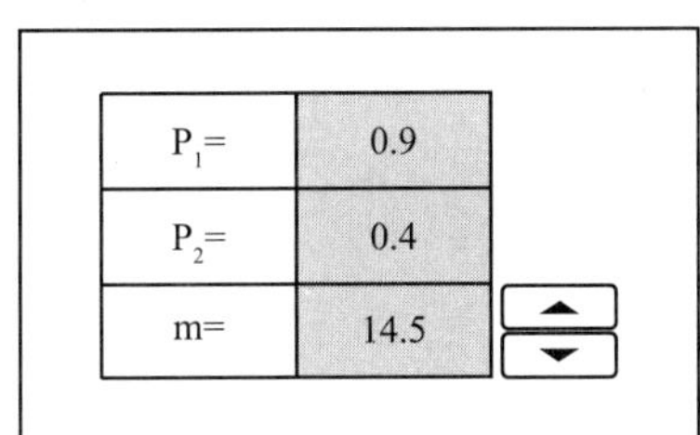

图 2－15　设定补偿预算线

第五步，观察替代效应、收入效应和价格效应的变动情况及它们之间的关系。

学生可以使用以上参数进行操作，也可以尝试探索使用其他参数。

参考答案

三、巩固练习

1. 假定消费者偏好和两种商品的价格保持不变的条件下，随着消费者收入的变动，消费者均衡点变动的轨迹，被称为（　　）。

A. 收入—消费曲线　　B. 恩格尔曲线

C. 价格—消费曲线　　D. 需求曲线

2. 如果某种商品的恩格尔曲线向右上方倾斜，且弯向横轴，则这种商品是（　　）。

A. 生活必需品　　B. 高档品

C. 低档品　　D. 吉芬商品

3. 假定消费者偏好和消费者收入既定不变，在其他商品的价格也保持不变的条件下，消费者均衡点随着一种商品价格的变动而变动的轨迹，被称为（　　）。

A. 收入—消费曲线　　B. 恩格尔曲线

C. 价格—消费曲线　　D. 需求曲线

4. 由于一种商品价格变动引起的消费者实际收入变动，从而导致消费者在保持价格不变的条件下对商品需求量做出的调整，被称为（　　）。

A. 价格效应　　B. 替代效应

C. 收入效应　　D. 总效应

5. 如果某类商品价格下降后，其替代效应使需求量增加，收入效应和价格效应都使其需求量减少，则该类商品是（　　）。

A. 生活必需品　　B. 高档品

C. 低档品　　D. 吉芬商品

第三章

生产理论和成本理论

第一节 短期生产函数

短期生产函数

一、理论概述

（一）厂商和生产函数

1. 厂商及其目标

厂商又被称作企业，是指向市场提供商品和服务以利润最大化为目标的经济组织。厂商既可以提供有形产品，也可提供各种服务。经济学中的厂商泛指能够做出统一生产和供给决策的基本单位。厂商按照法律组织形式分为业主制、合伙制和公司制三种类型。

厂商的目标可能有很多，如销售收入最大化、市场份额最大化、增长率最大化等，厂商其他目标的实现需要尽可能多的利润，厂商的存在也是建立在盈利基础上的，西方经济学通常假定厂商的目标是利润最大化。

厂商的利润等于总收益与总成本之差。总收益等于销售产品的价格与销售数量之积。按照利润最大化的假定，厂商销售产品的价格在消费者可接受的范围内尽可能确定最高价格。微观经济学假定厂商的销售量等于其产量，这样厂商按照利润最大化的产量即是特定价格下的需求量。总成本是厂商生产过程中的各项显性或隐性的支出。本部分假定不考虑厂商生产过程中对外部带来的成本，如环境污染等。

生产理论围绕利润最大化选择产量，一定产量与成本和收益之间存在对应关系。厂商生产一定数量的产品需要成本，成本与产出之间的关系又与企业选择的生产技术有关，所以分析产量与成本之间的关系，需要先分析投入与产出之间的技术关系。

2. 生产函数的定义

生产就是把各种投入转换为产出的过程，把投入与产出联系在一起的就是厂商所使用的生产技术。在这一过程中，厂商所选择的生产技术由生产中投入的生产要素数量与产出数量之间的关系反映出来，厂商所使用的生产技术通常由生产函数表示。

生产过程中投入的各种要素被称为生产要素。生产要素一般包括劳动、土地、资本和企业家才能四种基本类型。生产要素是生产函数中的自变量。劳动（L）指劳动者在生产过程中以体力和脑力的形式提供各种服务，假定劳动无差异，以人或小时为单位，劳动的价格为工资率；土地（N）是一切自然资源的统称，包括土地、河流、矿产、森林等，土地使用均指租用土地，土地的价格是土地租金；资本（K）是由劳动和土地生产出来，再用于生产过程的生产要素，包括厂房、机器设备、燃料、原料等。为了便于研究，通常假设经济中存在一个专门从事资本品租赁的公司，资本的价格不是资本品本身的价格，而是租用价格；企业家才能（E）是指组织、管理和经营企业的企业家所表现出来的发现市场机会并组织各种投入的能力。

假定一个厂商在生产过程中投入的劳动、土地、资本和企业家才能等生产要素的投入数量分别由 L、N、K、E 等表示，这些要素数量组合所能生产出的最大产量为 Q，则该厂商的生产函数可一般性地表示为：

$$Q = f(L, N, K, E, \cdots) \tag{3.1}$$

假定生产过程中只使用劳动和资本两种生产要素，则生产函数简化为：

$$Q = f(L, K) \tag{3.2}$$

3. 生产函数的分类

（1）短期生产函数和长期生产函数。

按照投入要素数量的变动情况，生产的时期可以分为短期和长期。短期是指生产者来不及调整全部生产要素的投入数量，即至少有一种生产要素的投入数量来不及调整的时期；长期是指生产者可以调整全部生产要素的投入数量的时期。按照短期和长期的概念，生产函数被分为短期生产函数和长期生产函数。

以生产过程中只使用劳动和资本两种生产要素的生产函数为例，

假定短期只有劳动投入 L 可以变动，资本投入 K 保持不变，则短期生产函数可表示为：

$$Q = f(L, \bar{K}) \tag{3.3}$$

或

$$Q = f(L) \tag{3.4}$$

长期生产函数中所有要素的投入数量都可变动，生产函数仍以 $Q = f(L, K)$ 表示。

根据生产中可变生产要素的多寡，可以将生产函数分为一种可变要素的生产函数、两种可变要素的生产函数和多种可变要素的生产函数。

（2）固定投入比例的生产函数和可变投入比例的生产函数。

技术系数是指生产一定数量的产品所要求的各种投入要素之间的配合比例。按照生产要素是否可变，可以将生产函数划分为固定投入比例的生产函数和可变投入比例的生产函数。

在生产过程中，各种生产要素的投入数量之间存在一定比例关系，如果在每一产量水平上，任何投入要素之间的比例是固定不变的，则这种生产函数被称为固定投入比例的生产函数，又被称为里昂惕夫生产函数。以生产过程中只使用劳动和资本两种生产要素的生产函数为例，劳动和资本两种要素不可相互替代，且劳动和资本的投入比例为 $L:K = \alpha:\beta$，则固定投入比例的生产函数可表示为：

$$Q = A\min\left(\frac{L}{\alpha}, \frac{K}{\beta}\right) \tag{3.5}$$

式（3.5）中，A 代表生产技术水平。

生产过程中，各种生产要素的投入数量之间的比例可以变化的生产函数被称为可变投入比例的生产函数。柯布—道格拉斯生产函数就是一种典型的可变投入比例的生产函数，其一般形式为：

$$Q = AL^{\alpha}K^{\beta} \tag{3.6}$$

式（3.6）中，A 代表生产技术水平，α 和 $\beta(0 < \alpha < 1, 0 < \beta < 1)$ 分别代表劳动和资本的产出弹性。

（二）总产量、平均产量和边际产量

在生产过程中只使用劳动和资本两种生产要素的生产函数中，假定短期资本投入量无法调整，考察只有劳动投入量可变的情形。

1. 叙述法

总产量是指投入一定量的可变要素所能生产的全部产量。

平均产量是指平均每单位可变要素所生产的产量，是总产量和可

变要素投入量之比。

边际产量是指增加 1 单位可变要素投入量所带来的产出增加量。

2. 代数法

劳动的总产量（TP_L）可用公式表示为：

$$TP_L = f(L, \bar{K}) \tag{3.7}$$

或

$$TP_L = f(L) \tag{3.8}$$

劳动的平均产量（AP_L）可用公式表示为：

$$AP_L = \frac{TP_L}{L} \tag{3.9}$$

劳动的边际产量（MP_L）可用公式表示为：

$$MP_L = \frac{\Delta TP_L}{\Delta L} \tag{3.10}$$

或

$$MP_L = \frac{dTP_L}{dL} \tag{3.11}$$

（三）边际报酬递减规律

边际报酬递减规律又被称为边际产量递减规律。它表示，在技术水平保持不变和其他要素投入数量不变的条件下，连续等量地增加一种要素的投入，刚开始其边际产量是递增的，当这种可变要素的投入量超过某一特定数值后，其边际产量是递减的。

（四）总产量、平均产量和边际产量之间的关系

第一，边际产量和总产量之间的关系。在边际报酬递减规律作用下，劳动的边际产量呈现先递增后递减的趋势。相应于边际产量大于零时，总产量呈现出增加趋势；边际产量小于零时，总产量呈现出递减趋势；边际产量等于零时，总产量达到最大值。边际产量是总产量曲线上对应劳动投入量处切线的斜率，边际产量反映了总产量变动的速度。在边际产量大于零且递增的阶段，随着劳动要素投入的增加，总产量增加的速度越来越快；在边际产量大于零且递减的阶段，随着劳动要素投入的增加，总产量增加的速度越来越慢。

第二，平均产量和总产量的关系。平均产量是总产量曲线上对应劳动投入量处的点与原点连线的斜率。对应于总产量曲线，平均产量曲线是先增加再减少的。刚开始，总产量曲线以递增速度增加时，平均产量也是增加的；当总产量曲线上某点与原点的连线正好与总产量

曲线相切时，平均产量达到最大；过这点之后，平均产量开始递减。

第三，边际产量和平均产量的关系。边际产量曲线与平均产量曲线都呈倒U形，并且相交于平均产量曲线的最大值点。在交点的左侧，边际产量曲线在平均产量曲线的上方，平均产量曲线是上升的；在交点上，边际产量和平均产量相等；在交点右侧，边际产量曲线在平均产量曲线的下方，平均产量曲线是下降的。

（五）生产的三个阶段和要素合理投入区域

在短期，根据总产量曲线、平均产量曲线和边际产量曲线之间的关系，可将劳动要素的投入量分为三个阶段。劳动要素的投入量从0到边际产量和平均产量的交点处是第一阶段，从该交点到边际产量为零即总产量最大处是第二阶段，这之后的为第三阶段。

在第一阶段，随着劳动要素投入量的增加，劳动的平均产量和总产量都是上升的。对于理性的生产者，他们会继续加大劳动要素的投入量，将生产扩大到第二阶段；在第三阶段，边际产量小于零，如果增加要素投入，不但不会增加总产量，还会使总产量降低。对于理性的生产者，他们会减少劳动要素的投入量，将生产缩减到第二阶段；第二阶段，即边际产量和平均产量的交点和边际产量等于零之间的区域，被称为可变要素的合理投入区域。因此，理性的生产者必然将生产安排在第二阶段进行。

二、实验操作

实验3.1

【实验3.1】短期生产函数实验

实验目的：掌握总产量、平均产量和边际产量等概念及其之间的关系，理解边际报酬递减规律和要素合理投入区域。

实验内容：

第一步，以生产函数 $Q = a + bL + cL^2 + dL^3$ 为例，生成总产量、平均产量和边际产量的模拟数据。当a、b、c、d分别取0、240、24、-1时，总产量函数、平均产量函数和边际产量函数分别为：

$$TP_L = f(L) = 240L + 24L^2 - L^3 \quad (3.12)$$

$$AP_L = \frac{TP_L}{L} = 240 + 24L - L^2 \quad (3.13)$$

$$MP_L = \frac{dTP_L}{dL} = 240 + 48L - 3L^2 \quad (3.14)$$

根据以上函数生成的模拟数据如表3-1所示。

表 3 - 1　　以生产函数 $Q=240L+24L^2-L^3$ 生成的总产量、平均产量和边际产量模拟数据

劳动要素投入量（L）	总产量（TP_L）	平均产量（AP_L）	边际产量（MP_L）
0	0	—	—
1	263	263	285
2	568	284	324
3	909	303	357
4	1280	320	384
5	1675	335	405
6	2088	348	420
7	2513	359	429
8	2944	368	432
9	3375	375	429
10	3800	380	420
11	4213	383	405
12	4608	384	384
13	4979	383	357
14	5320	380	324
15	5625	375	285
16	5888	368	240
17	6103	359	189
18	6264	348	132
19	6365	335	69
20	6400	320	0
21	6363	303	-75
22	6248	284	-156
23	6049	263	-243
24	5760	240	-336
25	5375	215	-435
26	4888	188	-540

第二步，根据表 3 - 1 中的数据绘制总产量曲线、平均产量曲线和边际产量曲线，如图 3 - 1 所示。

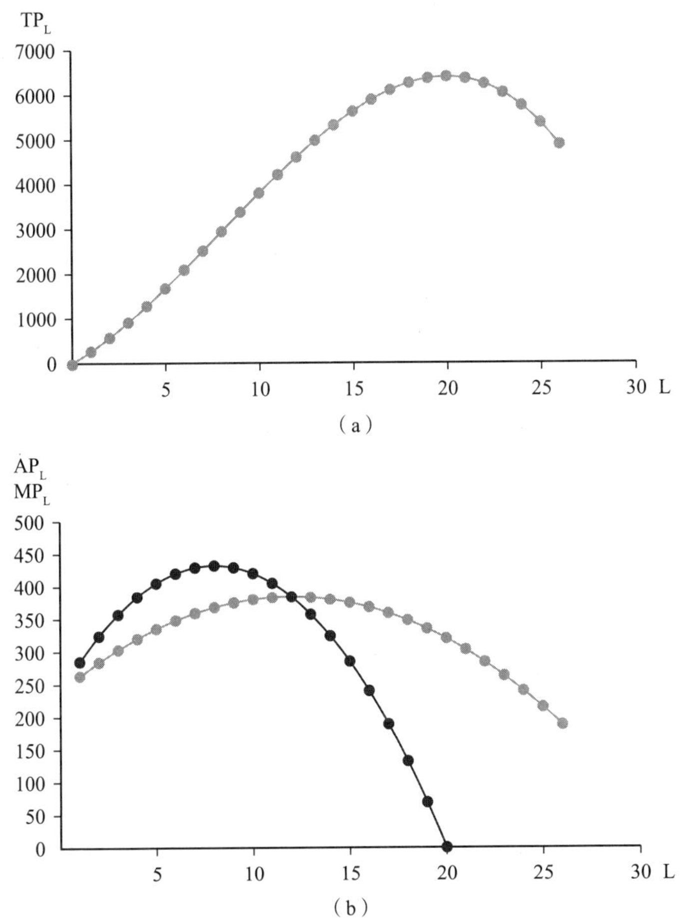

图 3-1　总产量曲线、平均产量曲线和边际产量曲线及它们之间的关系

第三步，在图 3-1 中，研究总产量、平均产量和边际产量等概念及其之间的关系，理解边际报酬递减规律，确定要素合理投入区域。

参考答案

三、巩固练习

1. 在经济学中，短期和长期的划分依据是（　　）。
   A. 是否可以调整产量
   B. 是否可以调整产品价格
   C. 时间长短
   D. 是否可以调整所有生产要素的投入量
2. 在短期生产函数中，当劳动的总产量（TP_L）达到最大值时，

（　　）。

A. $AP_L=0$　　B. $MP_L=0$　　C. $MP_L<0$　　D. $MP_L>0$

3. 在短期生产函数中，当平均产量（AP_L）达到最大值时，（　　）。

A. 总产量（TP_L）达到最大值

B. 总产量（TP_L）处于上升阶段，但未到达最大值

C. 边际产量（MP_L）达到最大值

D. 边际产量（MP_L）为零

4. 在短期生产函数中，当平均产量（AP_L）上升时，厂商的生产处于（　　）。

A. 生产的第一阶段　　B. 生产的第二阶段

C. 生产的第三阶段　　D. 生产的第四阶段

5. 在一种可变要素的短期生产函数中，要素合理投入区域内，（　　）。

A. 总产量和平均产量都是上升的

B. 总产量和平均产量都是下降的

C. 平均产量大于边际产量

D. 平均产量小于边际产量

第二节　长期生产函数

长期生产函数

一、理论概述

（一）等产量线

1. 等产量线及其特征

等产量线是指在技术水平不变的条件下，生产某一产量所需要的两种生产要素不同数量组合的轨迹。比如，用劳动和资本两种生产要素的数量组合（L，K），能够生产出既定产量 Q_0，可用生产函数 $Q_0=f(L, K)$ 表示产量为 Q_0 的等产量线。

等产量线具有如下特征：

第一，等产量线向右下方倾斜，斜率为负，并凸向原点。

第二，等产量线有无数条，同一条等产量线代表相同产量，离原点越远代表产量越高。

第三，任意两条等产量线不能相交。

2. 边际技术替代率及其递减规律

（1）边际技术替代率的定义。

边际技术替代率表示在保持产量水平不变的条件下，增加一单位某种生产要素投入量可以替代的另一种生产要素的投入数量。可用公式表示为：

$$MRTS_{L,K} = -\frac{\Delta K}{\Delta L} \tag{3.15}$$

或

$$MRTS_{L,K} = -\frac{dK}{dL} \tag{3.16}$$

边际技术替代率的几何意义是等产量线上某一点切线斜率的绝对值。

（2）边际技术替代率与边际产量的关系。

在同一条等产量线上，劳动要素投入量和资本要素投入量的变动分别为 ΔL 和 ΔK，其边际产量分别为 MP_L 和 MP_K。劳动要素投入的变动对总产量的影响为 $MP_L \cdot \Delta L$，资本要素投入的变动对总产量的影响为 $MP_K \cdot \Delta K$。由于在同一条等产量线上总产量不变，劳动和资本投入量的变动对总产量的影响之和为零，可用公式表示为：

$$MP_L \cdot \Delta L + MP_K \cdot \Delta K = 0 \tag{3.17}$$

整理得：

$$MRTS_{L,K} = -\frac{\Delta K}{\Delta L} = \frac{MP_L}{MP_K} \tag{3.18}$$

即边际技术替代率等于两种要素的边际产量之比。

（3）边际技术替代率递减规律。

边际技术替代率递减规律是指，在保持产量水平不变的条件下，随着一种生产要素投入数量的增加，每增加一单位该要素所能够替代的另一种要素的数量是递减的。

边际技术替代率递减规律决定了等产量线凸向原点的特征。由边际技术替代率等于两种要素的边际产量之比可知，边际技术替代率递减是以边际产量递减为基础的。

3. 脊线和要素合理投入区域

在两种要素的合理投入区域，每种生产要素的边际产量应该为非负值。对于一组等产量线，每条等产量线左侧的垂直切线的切点

上 $MP_K=0$，以此为分界点，该点之上区域 $MP_K<0$，该点之下区域 $MP_K>0$，将每条等产量线上的垂直切点连接起来，得到一条脊线；同理，将每条等产量线上的水平切点连接起来，也得到一条脊线。位于两条脊线之内的区域为要素合理投入区域，或被称为厂商生产的经济区域，两条脊线之外的区域则被称为生产的非经济区域。

4. 规模报酬

（1）规模报酬的定义和类型。

规模报酬是指厂商同比例改变所有生产要素的投入量，调整生产规模时对产量的影响。规模报酬有三种类型：如果产量增加的倍数大于投入要素增加的倍数，被称为规模报酬递增；如果产量增加的倍数等于投入要素增加的倍数，被称为规模报酬不变；如果产量增加的倍数小于投入要素增加的倍数，被称为规模报酬递减。

（2）规模报酬类型的判定。

对于生产函数 $Q=f(L, K)$，对于任意常数 $\lambda>1$，如果 $\lambda Q<f(\lambda L, \lambda K)$，则该生产是规模报酬递增的；如果 $\lambda Q=f(\lambda L, \lambda K)$，则该生产是规模报酬不变的；如果 $\lambda Q>f(\lambda L, \lambda K)$，则该生产是规模报酬递减的。对于 n 次齐次函数，即 $\lambda^n Q=f(\lambda L, \lambda K)$，其中 n 是一个大于零的常数，如果 $n>1$，则该生产是规模报酬递增的；如果 $n=1$，则该生产是规模报酬不变的；如果 $n<1$，则该生产是规模报酬递减的。

对于柯布－道格拉斯生产函数 $Q=AL^{\alpha}K^{\beta}$，如果 $\alpha+\beta>1$，则该生产是规模报酬递增的；如果 $\alpha+\beta=1$，则该生产是规模报酬不变的；如果 $\alpha+\beta<1$，则该生产是规模报酬递减的。

一般说来，随着生产规模的扩大，厂商的生产会依次出现规模报酬递增、规模报酬不变和规模报酬递减三个阶段。

（二）等成本线

1. 等成本线的定义

（1）叙述法。

等成本线又被称为厂商预算线，它是厂商实现利润最大化的一个约束条件，是指在成本和生产要素的价格既定时，厂商所能购买的各种生产要素投入量的组合。

（2）代数法。

在两种要素投入的成本方程中，成本 C、两种要素的价格 w 和 r 既定时，等成本线方程可表示为：

$$C=wL+rK \tag{3.19}$$

式（3.19）中，C 为生产成本，L 和 K 分别表示劳动和资本两种要素的投入数量，w 和 r 分别表示劳动和资本两种生产要素的价格。对于两种要素投入的成本方程可用斜截式方程表示为：

$$K = \frac{C}{r} - \frac{w}{r}L \tag{3.20}$$

在以劳动要素数量为横轴，资本要素数量为纵轴的直角坐标系中，等成本线是一条以 C/r 为截距，以 - w/r 为斜率的直线。等成本线与纵轴的交点即截距，表示将既定成本全部购买资本要素的最大数量；等成本线与横轴的交点，表示既定成本全部购买劳动要素的最大数量。

2. 等成本线的变动

等成本线的位置取决于厂商投入的成本和两种要素的价格水平。如果厂商投入的成本和两种要素的价格水平不变，则等成本线的位置不变；如果厂商投入的成本或两种要素的价格水平发生变动，则等成本线的位置发生变动。

如果两种要素的价格水平不变，成本发生变动时等成本线发生平行移动。厂商增加成本时，其等成本线向右上方平行移动；厂商减少成本时，其等成本线向左下方平行移动。

如果厂商投入的成本不变，一种要素的价格水平发生变动时，等成本线发生转动。如果劳动要素价格升高，则等成本线在纵轴的截距不变，斜率绝对值变大，等成本线将绕着其与纵轴的交点顺时针转动；反之，则逆时针转动。如果资本要素价格升高，则等成本线在横轴的截距不变，斜率绝对值变小，等成本线将绕着其与横轴的交点逆时针转动；反之，则顺时针转动。

（三）生产要素最优组合

1. 静态均衡分析

（1）叙述法。

厂商的最优生产要素组合可以是既定成本下的产量最大化，也可以是既定产量下的成本最小化。把等产量线和等成本线放在同一个坐标系中会有相离、相交和相切三种情况。相离时表示现有的成本无法实现现有的产量水平。相交时表示现有产量水平下，可以通过等成本线向左下方平移，改变要素组合，降低成本；相交时也可以在现有成本下，通过选择离原点更远的等产量线，改变要素组合提高产量水平。相切时表示现有成本下厂商实现了产量最大化，或者说是在现有产量下厂商实现了成本最小化，这个切点就是生产要素最优组合点。

（2）代数法。

在生产要素最优组合点上，等产量线的斜率正好等于等成本线的斜率，可用公式表示为：

$$MRTS_{L,K} = \frac{w}{r} \tag{3.21}$$

厂商实现生产要素最优组合的条件是两种要素的边际技术替代率等于两种要素的价格之比。

既定成本下产量最大化的生产要素最优组合所满足的条件为：

$$\begin{aligned} MRTS_{L,K} &= \frac{w}{r} \\ wL + rK &= C \end{aligned} \tag{3.22}$$

由于边际技术替代率可表示为两种要素的边际产量之比，上述条件又可表示为：

$$\begin{aligned} \frac{MP_L}{w} &= \frac{MP_K}{r} \\ wL + rK &= C \end{aligned} \tag{3.23}$$

2. 比较静态均衡分析

在生产技术水平、生产要素价格和成本不变的情况下，生产要素最优组合点保持不变。如果厂商投入的成本增加，则厂商等成本线向右上方平行移动。等成本线将与产量水平更高的等产量线相切，厂商得到新的生产要素最优组合点。在生产技术水平、生产要素价格不变的情况下，当厂商连续增加成本投入时，生产要素最优组合点移动的轨迹被称为生产扩展线。

厂商的生产扩展线表示在生产要素价格和其他条件不变的情况下，当厂商增加成本扩大生产规模时，厂商必然沿着生产扩展线即生产要素的最优组合来扩展生产。

二、实验操作

实验 3. 2

【实验 3. 2】长期生产函数实验

实验目的：掌握等产量线、等成本线等概念，理解生产要素最优组合满足的条件。

实验内容：

第一步，两种可变要素的长期生产函数以常见的柯布－道格拉斯生产函数 $Q = L^{\alpha}K^{\beta}$ 为例，假定 $L^{\alpha}K^{\beta} = Q_0$，绘制等产量线，如图 3－2 所示。

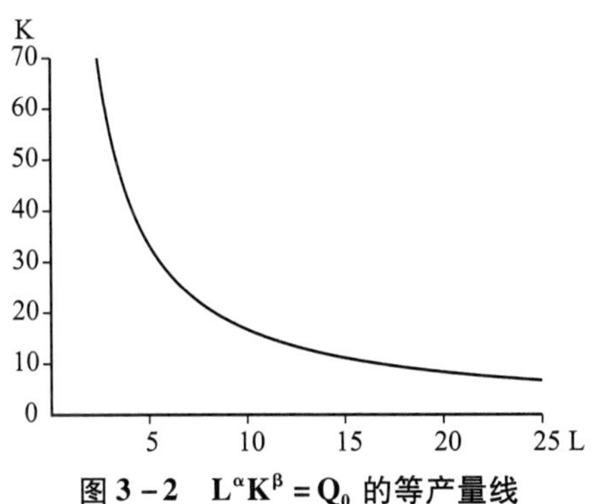

图 3-2　$L^{\alpha}K^{\beta}=Q_0$ 的等产量线

在等产量线操作面板中，可以通过调节 α、β 和 Q_0 的数值，改变等产量线的形状和位置。等产量线操作面板如图 3-3 所示。

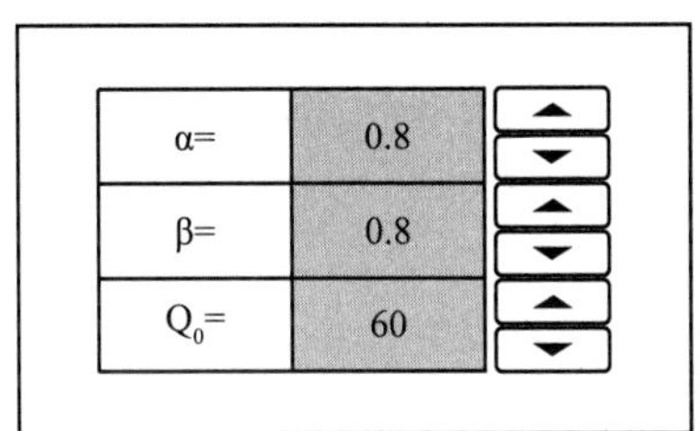

图 3-3　等产量线参数设置操作面板

等产量线参数 α、β 的取值范围为［0.1，1］，步长为 0.1；Q_0 的取值范围为［10，300］，步长为 10。图 3-2 中的等产量线是取 $\alpha=0.8$，$\beta=0.8$，$Q_0=60$ 绘制的。

第二步，根据等成本方程 $wL+rK=C$ 绘制等成本线，如图 3-4 所示。

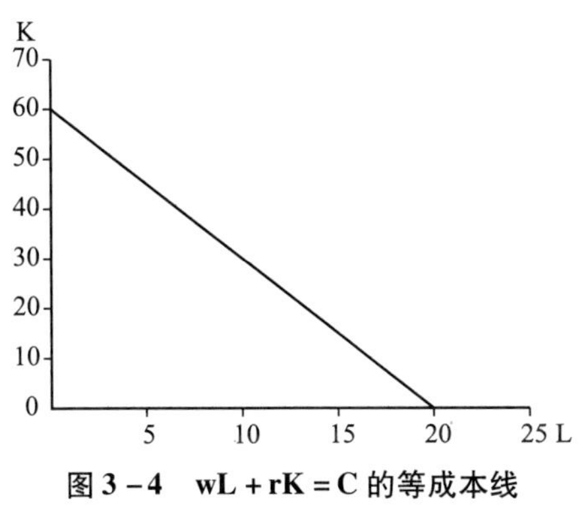

图 3-4　$wL+rK=C$ 的等成本线

在等成本线操作面板中，可以通过调节 w、r 和 C 的数值，改变等成本线的位置。等成本线操作面板如图 3－5 所示。

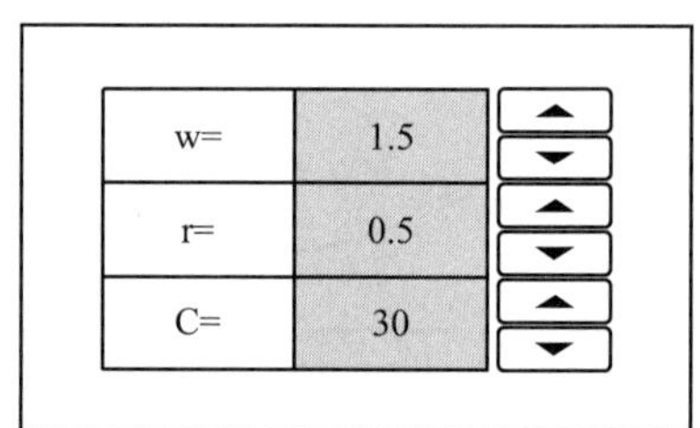

图 3－5　等成本线参数设置操作面板

等成本线参数 w、r 的取值范围为［0.1，3］，步长为 0.1；C 的取值范围为［1，30］，步长为 0.1。图 3－4 中的等成本线是取 w＝1.5，r＝0.5，C＝30 绘制的。

第三步，通过调节等产量线和等成本线的位置，它们有相交、相切和相离三种情况。图 3－6 是它们相切即生产要素达到最优组合时的情况。

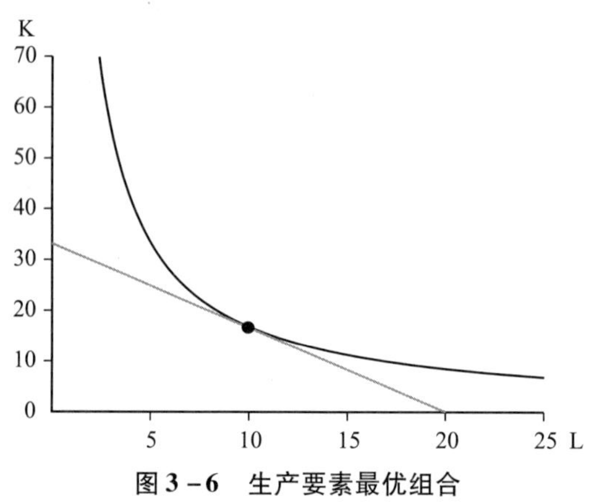

图 3－6　生产要素最优组合

实验中实现生产要素最优组合有两种操作方式：第一，在成本既定，即等成本线不变的情况下，调节等产量线，使其与等成本线相切，实现产量最大化；第二，在产量既定，即等产量线不变的情况下，调节等成本线，使其与等产量线相切，实现成本最小化。

在相交和相切时，同步计算出交点（以左上方的交点为例）或切点处的边际技术替代率和等成本线斜率的绝对值，并比较二者的大小。

参考答案

三、巩固练习

（一）单项选择题

1. 在生产的经济区域中，等产量线（　　）。

A. 凸向原点　　B. 斜率为正

C. 凹向原点　　D. 为直角拐线

2. 等成本线向外平移表明（　　）。

A. 产量提高

B. 成本增加

C. 生产要素的价格按相同比例提高了

D. 生产要素的价格按不同比例下降了

3. 如果等成本线与等产量线相交，厂商要生产等产量线所代表的产量水平，则应该（　　）。

A. 增加成本

B. 保持原成本不变

C. 减少成本

D. 在成本不变的情况下降低一种可变要素的价格

4. 对于生产函数 $Q=5L^{0.7}K^{0.6}$，其规模报酬应该是（　　）。

A. 递增　　B. 递减

C. 不变　　D. 无法确定

5. 如果在生产中只投入劳动和资本两种要素，在规模报酬不变阶段，劳动要素使用量增加 5%，而资本要素使用量保持不变，则（　　）。

A. 产出增加 5%

B. 产出减少 5%

C. 产出的增加大于 5%

D. 产出的增加小于 5%

（二）计算题

已知生产函数 $Q=2L^{0.5}K^{0.5}$，$C=120$，$w=2$，$r=3$，计算实现生产要素最优组合时，两种要素的投入量及厂商的产量。

第三节　短期成本函数

短期成本函数

一、理论概述

（一）经济成本的有关概念

机会成本是指有限的稀缺经济资源用于某项经济活动，就必须放弃用于其他所有经济活动。从事某项经济活动的机会成本是用由此而放弃的其他所有经济活动所能得到的最高收益来计算。在经济分析中，我们把生产某种产品的经济成本等同于其机会成本。

厂商的经济成本包含显性成本和隐性成本。可用公式表示为：

经济成本 = 显性成本 + 隐性成本

显性成本是厂商为生产一定数量的产品购买生产要素所花费的实际支出。隐性成本是指厂商使用自己的生产要素的机会成本。会计成本是厂商实际支付的费用，它记录在会计账册上。从机会成本的角度讲，显性成本是会计成本，但会计成本不一定全是显性成本。隐性成本中，企业主经营管理自己的企业应得的酬金，被称为正常利润。正常利润被视为与企业家才能相关的报酬，特别是承担风险的补偿，被纳入机会成本中。正常利润不是真正的利润，属于成本的范畴。厂商支出的生产成本中，有一部分成本在其退出市场时无论如何决策都无法收回。这种已经花费而无法补偿的成本，被称为沉没成本。沉没成本不影响厂商的决策，其不再是机会成本，其机会成本为零。

经济利润又被称为超额利润，是指厂商销售产品所获得的收益减去按照机会成本计算的经济成本，可用公式表示为：

经济利润 = 收益 − 经济成本

会计利润是指厂商销售产品所获得的收益减去会计成本，可用公式表示为：

会计利润 = 收益 − 会计成本

经济利润和会计利润的不同主要是对成本的计算不同。由于经济成本中包含显性成本和隐性成本，会计成本只是会计账本上的实际支出，会计利润通常大于经济利润。但如果会计成本中无法收回的沉没成本很大时，会计利润也可能小于经济利润。

（二）短期成本的概念

在短期内生产中至少有一种生产要素的投入量来不及改变，假定厂商只使用可变投入劳动（L）和不可变投入资本（$\bar{K}$）两种生产要素。短期生产函数为：

$$Q = F(L, \bar{K}) \tag{3.24}$$

在资本投入量固定不变前提下，劳动要素投入量 L 和产量 Q 之间存在一一对应关系。厂商在每一产量水平上的短期总成本可表示为：

$$TC(Q) = wL(Q) + r\bar{K} \tag{3.25}$$

厂商生产既定产量所花费的总成本 TC(Q) 由可变成本 wL(Q) 和不变成本 $r\bar{K}$ 构成。短期成本的概念有总成本（TC）、可变成本（VC）、固定成本（FC）、平均成本（AC）、平均可变成本（AVC）、平均固定成本（AFC）、边际成本（MC）等七个概念。

总成本（TC）是厂商在短期内生产一定数量产品对全部要素所支付的最低成本。总成本（TC）由可变成本（VC）和固定成本（FC）构成，可用公式表示为：

$$TC(Q) = VC(Q) + FC \tag{3.26}$$

可变成本（VC）是厂商短期内生产一定数量产品对可变要素所支付的成本。它随厂商产量的变动而变动，当产量为零时，可变成本为零。

固定成本（FC）是厂商短期内生产一定数量产品对不变要素所支付的成本。它不随厂商产量的变动而变动，即使产量为零，厂商也要支付固定成本。

平均成本（AC）是厂商短期内生产每单位产品所花费的总成本。可用公式表示为：

$$AC(Q) = \frac{TC(Q)}{Q} \tag{3.27}$$

平均可变成本（AVC）是厂商短期内生产每单位产品所花费的可变成本。可用公式表示为：

$$AVC(Q) = \frac{VC(Q)}{Q} \tag{3.28}$$

平均固定成本（AFC）是厂商短期内生产每单位产品所花费的固定成本。可用公式表示为：

$$AFC(Q) = \frac{FC}{Q} \tag{3.29}$$

由于总成本等于可变成本和固定成本之和，公式两边同除以产量Q，可得到平均成本等于平均可变成本和平均固定成本之和。可用公式表示为：

$$AC(Q) = AVC(Q) + AFC(Q) \tag{3.30}$$

边际成本（MC）是厂商短期内每增加1单位产量所增加的成本。可用公式表示为：

$$MC(Q) = \frac{\Delta TC(Q)}{\Delta Q} = \frac{\Delta VC(Q)}{\Delta Q} \tag{3.31}$$

或

$$MC(Q) = \frac{dTC(Q)}{dQ} = \frac{dVC(Q)}{dQ} \tag{3.32}$$

由于短期内固定成本不变，因产量改变而导致的总成本和可变成本的改变量相等，所以边际成本定义中使用 $\Delta TC(Q)$ 或 $\Delta VC(Q)$ 都可以。

（三）短期成本曲线及其之间的关系

1. 总成本曲线、可变成本曲线和固定成本曲线及其之间的关系

固定成本曲线是一条平行于产量轴的直线，表明固定成本不随产量的改变而变动。

可变成本曲线是一条从原点出发向右上方倾斜的曲线，表明可变成本随产量的增加而增加，且产量为零时，可变成本为零。可变要素的价格既定不变条件下，可变成本曲线的形状取决于可变要素的边际产量。当可变要素的边际产量递增时，产量增加的幅度大于可变要素增加的幅度即可变成本增加的幅度，所以可变成本曲线向横轴靠近；当可变要素的边际产量递减时，产量增加的幅度小于可变要素增加的幅度即可变成本增加的幅度，所以可变成本曲线向纵轴靠近。

总成本曲线也是一条向右上倾斜的曲线，因为总成本等于可变成本和固定成本之和，总成本曲线是可变成本曲线向上平移固定成本的距离而得到。总成本曲线和可变成本曲线的形状相同，且每一产量对应的总成本曲线和可变成本曲线之间的距离相等，都是固定成本的大小。

2. 平均成本曲线、平均可变成本曲线和平均固定成本曲线及其之间的关系

平均固定成本曲线可由固定成本曲线在相应产量上的点与原点连线的斜率得出。平均固定成本曲线是一条直角双曲线，随着产量的增加，平均固定成本越来越小。

平均可变成本曲线可由可变成本曲线在相应产量上的点与原点连线的斜率得出。平均可变成本随产量的增加先递减后递增，平均可变成本曲线呈 U 形。

平均成本曲线可由总成本曲线在相应产量上的点与原点连线的斜率得出。短期内，平均成本也随产量的增加先递减后递增，平均成本曲线也呈 U 形。

平均成本曲线和平均可变成本曲线都呈 U 形，原因都是可变要素的边际产量先递增后递减。平均成本曲线位于平均可变成本曲线之上，两条线之间的垂直距离为平均固定成本。由于平均固定成本随着产量的增加而递减，所以，平均成本曲线和平均可变成本曲线之间的垂直距离也随着产量的增加而递减。平均成本曲线的最低点和平均可变成本曲线的最低点不在同一产量水平上，前者对应的产量要大于后者对应的产量。这是因为平均固定成本曲线是单调递减的，随着产量的增加，当平均可变成本曲线达到最低点转而上升时，在一定阶段内其上升的幅度不能抵消平均固定成本下降的幅度，故平均成本曲线仍然是下降的；只有当平均可变成本曲线的增幅等于平均固定成本的减幅时，平均成本才达到最低点；之后，再随着产量的增加，平均成本曲线才是上升的。

3. 边际成本曲线及其与平均成本曲线和平均可变成本曲线之间的关系

边际成本曲线可由可变成本曲线或总成本曲线在相应产量上的切线斜率得出。边际成本曲线也是先下降后上升，呈 U 形。最低点出现在与总成本曲线拐点位置对应之处。

边际成本曲线与平均成本曲线和平均可变成本曲线都相交，交点分别位于平均成本曲线和平均可变成本曲线的最低点。在边际成本曲线和平均成本曲线交点的左侧，边际成本曲线位于平均成本曲线的下方，即边际成本小于平均成本，随着产量的增加，平均成本是递减的；在交点的右侧，边际成本曲线位于平均成本曲线的上方，即边际成本大于平均成本，随着产量的增加，平均成本是递增的；在交点上，边际成本等于平均成本，平均成本达到最低点。

在边际成本曲线和平均可变成本曲线交点的左侧，边际成本曲线位于平均可变成本曲线的下方，即边际成本小于平均可变成本，随着产量的增加，平均可变成本是递减的；在交点的右侧，边际成本曲线位于平均可变成本曲线的上方，即边际成本大于平均可变成本，随着产量的增加，平均可变成本是递增的；在交点上，边际成本等于平均可变成本，平均可变成本达到最低点。

实验3.3

二、实验操作

【实验3.3】短期成本函数实验

实验目的：掌握总成本、可变成本、固定成本、平均成本、平均可变成本、平均固定成本、边际成本等与短期成本相关的概念，理解短期成本曲线及其之间的关系。

实验内容：

第一步，以 $TC(Q) = aQ^3 + bQ^2 + cQ + d$ 为例，生成模拟数据。当a、b、c、d分别取0.007、-0.522、15、100时生成的模拟数据如表3-2所示。

表3-2　以总成本函数 $TC(Q) = 0.007Q^3 - 0.522Q^2 + 15Q + 100$ 为例生成的模拟数据（部分）

Q	VC	FC	TC	AVC	AFC	AC	MC
1	14.49	100.00	114.49	14.49	100.00	114.49	14.49
5	62.83	100.00	162.83	12.57	20.00	32.57	10.73
10	104.80	100.00	204.80	10.48	10.00	20.48	6.98
15	131.18	100.00	231.18	8.75	6.67	15.41	4.28
20	147.20	100.00	247.20	7.36	5.00	12.36	2.63
25	158.13	100.00	258.13	6.33	4.00	10.33	2.03
30	169.20	100.00	269.20	5.64	3.33	8.97	2.48
35	185.68	100.00	285.68	5.31	2.86	8.16	3.98
40	212.80	100.00	312.80	5.32	2.50	7.82	6.53
45	255.83	100.00	355.83	5.69	2.22	7.91	10.13
50	320.00	100.00	420.00	6.40	2.00	8.40	14.78
55	410.58	100.00	510.58	7.47	1.82	9.28	20.48
60	532.80	100.00	632.80	8.88	1.67	10.55	27.23
65	691.93	100.00	791.93	10.65	1.54	12.18	35.03
70	893.20	100.00	993.20	12.76	1.43	14.19	43.88

第二步，根据表3-2中的数据，绘制总成本曲线、可变成本曲线、固定成本曲线、平均成本曲线、平均可变成本曲线、平均固定成本曲线、边际成本曲线。

为便于研究各条线之间的关系，总成本曲线、可变成本曲线、固定成本曲线和平均成本曲线、平均可变成本曲线、平均固定成本曲线、边际成本曲线分别绘制在横坐标对应一致，纵坐标不同的两个坐标系中，如图 3 –7 所示。

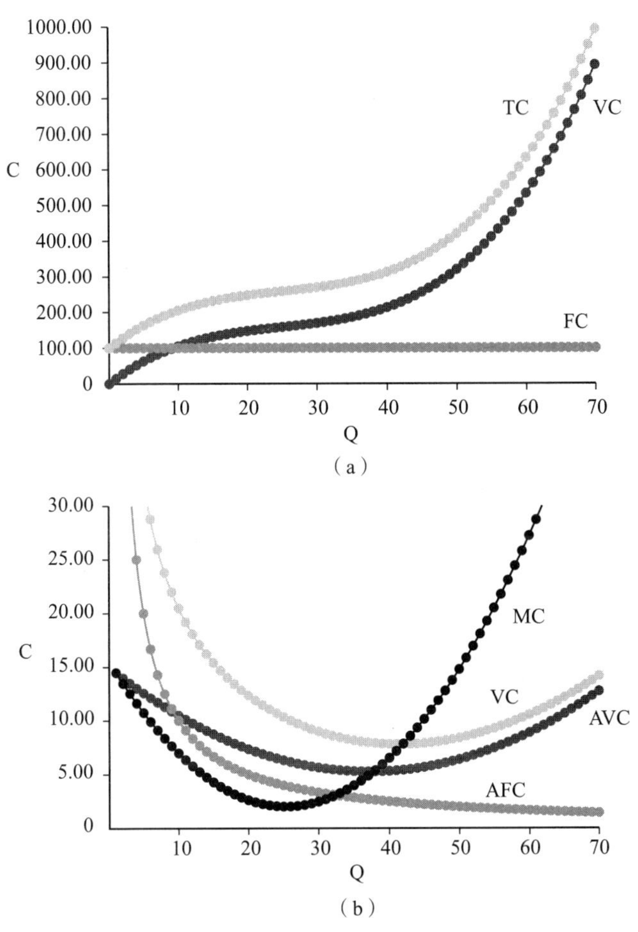

图 3 –7　短期成本曲线

第三步，在短期成本函数参数调节面板中，如图 3 –8 所示，改变参数数值，短期成本曲线作相应变动。观察相应既定产量下所对应的各成本之间的关系，进而研究各短期成本曲线之间的关系。

短期成本函数参数调节面板中，a 的取值范围为［0.0001，0.2］，步长为 0.0001；b 的取值范围为［–1，–0.001］，步长为 0.001；c 的取值范围为［10，30］，步长为 0.1；d 的取值范围为［0，300］，步长为 10。

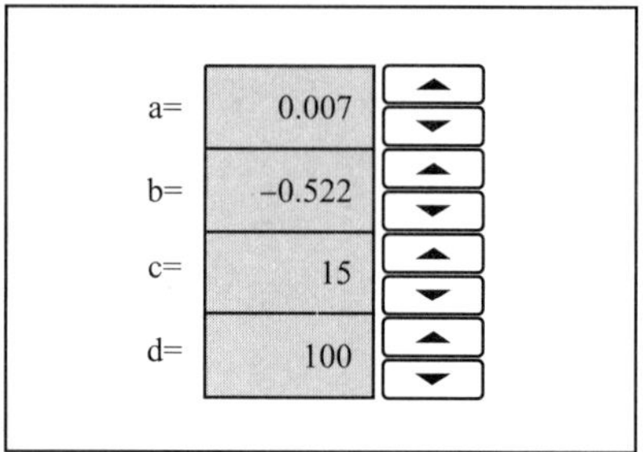

图 3－8　短期成本函数参数调节面板

参考答案

三、巩固练习

1. 以下关于正常利润的说法不正确的是（　　）。
   A. 正常利润被视为与企业家才能相关的报酬
   B. 正常利润不是真正的利润，属于成本的范畴
   C. 经济利润中不包括正常利润
   D. 正常利润是显性成本的一个组成部分
2. 在短期，当边际报酬递增时，可变成本曲线（　　）。
   A. 以递增的速度上升　　B. 以递减的速度上升
   C. 以递增的速度下降　　D. 以递减的速度下降
3. 以下关于短期成本曲线的说法不正确的是（　　）。
   A. 总成本曲线与可变成本曲线之间的垂直距离为固定成本
   B. 平均成本曲线与平均可变成本曲线之间的垂直距离为平均固定成本
   C. 平均成本曲线位于平均可变成本曲线之上
   D. 总成本曲线与可变成本曲线都呈 U 形
4. 以下关于边际成本曲线的说法不正确的是（　　）。
   A. 边际成本曲线先下降后上升，呈 U 形
   B. 边际成本曲线最低点出现在与总成本曲线拐点位置对应之处
   C. 边际成本曲线相交于平均固定成本曲线的最低点
   D. 边际成本曲线相交于平均成本曲线的最低点和平均可变成本曲线的最低点
5. 当边际成本位于最低点时，（　　）。
   A. 平均成本是递减的　　B. 平均可变成本是递增的
   C. 平均成本位于最低点　　D. 平均可变成本位于最低点

第四节　长期成本函数

长期成本函数

一、理论概述

在长期，厂商可以对所有生产要素的投入量进行调整，因而长期内不再有可变成本和固定成本的区别。长期成本的概念只有长期总成本（LTC）、长期平均成本（LAC）、长期边际成本（LMC）三个概念。

（一）长期总成本

1. 长期总成本的定义

长期总成本（LTC）是厂商在长期中生产每一产量水平时通过调整生产规模所能达到的最低成本。

2. 长期总成本曲线的推导

（1）从短期的总成本曲线推导长期总成本曲线。

假定厂商使用特定的生产技术进行生产，选择三条纵截距不同的短期的总成本曲线。纵截距表示的是固定成本，纵截距不同的三条短期的总成本曲线表示固定成本不同的三种生产规模。厂商根据其产量选择总成本最低的生产规模。如果厂商的生产规模可以无限细分，即不变要素的投入量可连续变动时，厂商生产任意产量都可以选择一个令总成本最低的最优生产规模。这些最低成本点的轨迹就是长期总成本曲线。

（2）从生产扩展线推导长期总成本曲线。

生产扩展线是生产要素最优组合点移动的轨迹。生产要素最优组合就是既定产量下成本最小化。生产扩展线上的任意一点都是表示既定产量下生产要素最优组合，在生产函数和要素价格不变的前提下，该点达到了总成本最低。将生产扩展线上每点对应的产量和最低总成本绘制在以产量为横轴、以总成本为纵轴的坐标系中，就得到长期总成本曲线。

3. 长期总成本曲线和短期的总成本曲线的异同

长期总成本曲线和短期的总成本曲线的相同之处：一是总成本都是随着产量的增加而上升；二是产量较低时，总成本都以递减的速率上升，产量较高时，总成本都以递增的速率上升。二者的不同之处：一是起始点不同，由于在短期内固定成本的存在，短期的总成本曲线有纵截距不是从原点出发，而在长期时所有成本都随产量的变动而变动，当产量为零时，长期总成本为零，所以长期总成本曲线从原点出发；二是影响曲线形状的规律不同，短期的总成本曲线的形状受边际报酬递减规律影响，而长期总成本曲线的形状受规模报酬影响。

（二）长期平均成本

1. 长期平均成本的定义

长期平均成本（LAC）是厂商在长期中平均生产每单位产量所分摊的总成本。长期平均成本可用公式表示为：

$$LAC(Q)=\frac{LTC(Q)}{Q} \tag{3.33}$$

2. 长期平均成本曲线的推导

（1）从长期总成本曲线推导长期平均成本曲线。

从几何上看，长期平均成本是总成本曲线在相应产量上的点与原点连线的斜率。以产量为横轴，以总成本曲线在相应产量上的点与原点连线的斜率，即长期平均成本为纵轴描绘出的线就是长期平均成本曲线。

（2）从短期的平均成本曲线推导长期平均成本曲线。

某一产量的长期平均成本是该产量下厂商所选择的使总成本最低的生产规模的短期平均成本曲线在该产量下的取值。将每个产量所选择的生产规模的短期平均成本曲线上对应的点连接起来，即得到长期平均成本曲线。

3. 长期平均成本曲线和短期的平均成本曲线的关系

长期平均成本曲线是短期的平均成本曲线的包络线。长期平均成本曲线与厂商生产既定产量所选择规模的短期的平均成本曲线相切。但是，长期平均成本曲线只要不是水平的，它就不可能与所有短期的平均成本曲线的最低点相切。当长期平均成本曲线下降时，它与平均成本曲线的切点位于平均成本曲线最低点的左侧；当长期平均成本曲线上升时，它与平均成本曲线的切点位于平均成本曲线最低点的右侧；只有在长期平均成本曲线的最低点其与对应的平均成本曲线的最低点相切。

长期平均成本曲线和平均成本曲线都呈 U 形，但影响曲线形状的规律不同。平均成本曲线的形状受边际报酬递减规律影响，而长期平均成本曲线的形状受规模报酬影响。

（三）长期边际成本

1. 长期边际成本的定义

长期边际成本（LMC）是厂商在长期中每增加 1 单位产量所引

起的最低总成本的增加量。长期边际成本可用公式表示为：

$$LMC(Q)=\frac{\Delta LTC(Q)}{\Delta Q} \tag{3.34}$$

或

$$LMC(Q)=\frac{dLTC(Q)}{dQ} \tag{3.35}$$

2. 长期边际成本曲线的推导

（1）从长期总成本曲线推导长期边际成本曲线。

从几何上看，长期边际成本是长期总成本曲线在相应产量上的点的切线斜率。以产量为横轴，以总成本曲线在相应产量上的点的切线斜率，即长期边际成本为纵轴描绘出的线就是长期边际成本曲线。

（2）从短期的边际成本曲线推导长期边际成本曲线。

某一产量的长期边际成本是该产量下厂商所选择的使总成本最低的生产规模的短期边际成本曲线在该产量下的取值。将每个产量所选择的生产规模的短期边际成本曲线上对应的点连接起来，即得到长期边际成本曲线。

3. 长期边际成本曲线和短期的边际成本曲线的关系

长期边际成本曲线由每一既定产量水平下厂商所选取的最优生产规模所对应的短期的边际成本曲线在既定产量水平的取值点构成的。长期边际成本曲线和短期的边际成本曲线都呈 U 形，短期的边际成本曲线的形状受边际报酬递减规律影响，而长期边际成本曲线的形状受规模报酬影响。

长期边际成本曲线和长期平均成本曲线相交于长期平均成本曲线的最低点。在交点的左侧，长期边际成本小于长期平均成本，长期平均成本递减；在交点的右侧，长期边际成本大于长期平均成本，长期平均成本递增；在交点上，长期边际成本等于长期平均成本，长期平均成本达到最低点。

二、实验操作

实验 3.4

【实验 3.4】长期成本函数实验

实验目的：掌握长期总成本、长期平均成本、长期边际成本等概念，理解长期成本曲线与短期成本曲线的关系及长期成本曲线之间的关系。理解长期平均成本曲线和平均成本曲线都呈 U 形的原因。

实验内容：

第一步，生成模拟数据。假定生产函数为 $Q=L^{\alpha}K^{\beta}$，模拟 $\alpha+\beta$

递减时规模报酬变动时成本变动情况。设定规模报酬变动因子 $\alpha+\beta=aL/20+b$，即 $\alpha+\beta$ 线性递减。根据生产扩展线方程 $K=w\beta L/r\alpha$ 实现 L 和 K 的最优要素组合。对应每个最优要素组合，根据生产函数 $Q=L^{\alpha}K^{\beta}$ 生成产量数据，根据成本函数 LTC = wL + rK 生成长期总成本数据，再根据长期平均成本和长期边际成本的定义生成其相应数据。当 a = −1、b = 1.6、w = 2、r = 2 时，长期成本函数实验模拟数据如表 3 – 3 所示。

表 3 – 3　　长期成本函数实验模拟数据

L	α + β	α	β	K	Q	LTC	LAC	LMC
0	1.6	0.8	0.8	0	0	0	—	—
0.5	1.575	0.788	0.788	0.5	0.336	2	5.959	5.959
1	1.550	0.775	0.775	1	1.000	4	4.000	3.010
1.5	1.525	0.763	0.763	1.5	1.856	6	3.233	2.337
2	1.500	0.750	0.750	2	2.828	8	2.828	2.056
2.5	1.475	0.738	0.738	2.5	3.863	10	2.588	1.933
3	1.450	0.725	0.725	3	4.918	12	2.440	1.896
3.5	1.425	0.713	0.713	3.5	5.961	14	2.349	1.919
4	1.400	0.700	0.700	4	6.964	16	2.297	1.993
4.5	1.375	0.688	0.688	4.5	7.910	18	2.276	2.115
5	1.350	0.675	0.675	5	8.782	20	2.277	2.292
5.5	1.325	0.663	0.663	5.5	9.572	22	2.298	2.534
6	1.300	0.650	0.650	6	10.271	24	2.337	2.861
6.5	1.275	0.638	0.638	6.5	10.876	26	2.391	3.304
7	1.250	0.625	0.625	7	11.386	28	2.459	3.920
7.5	1.225	0.613	0.613	7.5	11.802	30	2.542	4.810
8	1.200	0.600	0.600	8	12.126	32	2.639	6.175
8.5	1.175	0.588	0.588	8.5	12.361	34	2.751	8.487
9	1.150	0.575	0.575	9	12.514	36	2.877	13.148
9.5	1.125	0.563	0.563	9.5	12.587	38	3.019	27.032
10	1.100	0.550	0.550	10	12.589	40	3.177	1132.175

第二步，根据表 3 – 3 的数据，绘制长期总成本曲线、长期平均成本曲线、长期边际成本曲线，如图 3 – 9 所示。

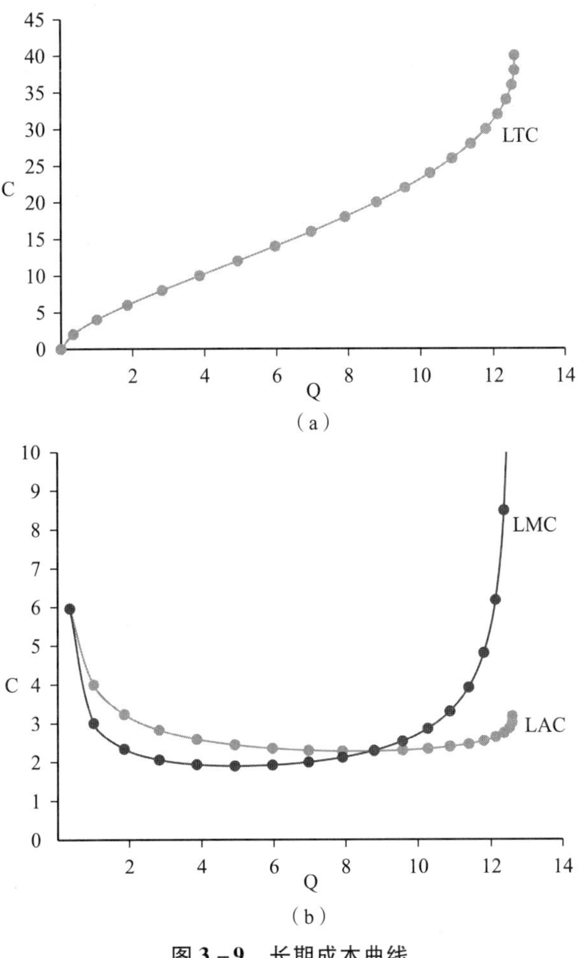

图 3－9　长期成本曲线

第三步，在参数调节面板中，如图 3－10 所示，调节参数，研究模拟数据和长期成本曲线的变动情况。

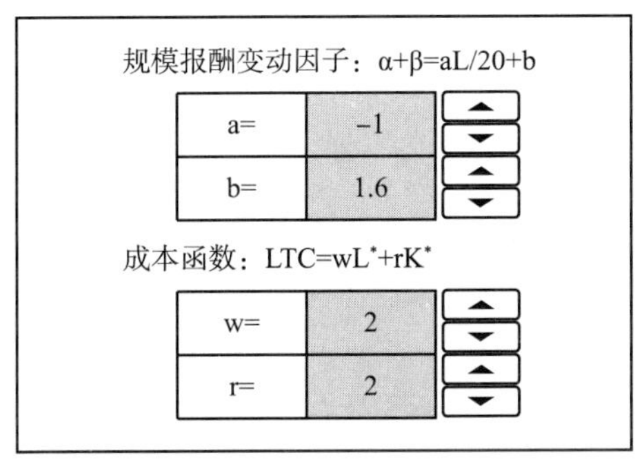

图 3－10　长期成本函数实验参数调节面板

长期成本函数实验参数调节面板中，a 的取值范围为［-2，0］，步长为0.1；b 的取值范围为［0.1，2］，步长为0.1；w 和 r 的取值范围均为［0.1，3］，步长均为0.1。

参考答案

三、巩固练习

1. 长期成本曲线上的各点对应的是既定产量下的（　　）。

A. 最低总成本　　B. 最低平均成本

C. 最低边际成本　　D. 最低可变成本

2. 长期平均成本曲线呈 U 形的原因与（　　）有关。

A. 边际报酬递减规律　　B. 规模报酬递增与递减

C. 范围经济与范围不经济　　D. 外部经济与外部不经济

3. 长期边际成本曲线是（　　）。

A. 短期边际成本曲线的包络线

B. 短期总成本曲线的包络线

C. 短期边际成本曲线最低点的连线

D. 每个产量所选生产规模的边际成本的连线

4. 厂商的生产处于规模报酬不变阶段时，长期平均成本曲线切于短期平均成本曲线的（　　）。

A. 最低点左侧某点　　B. 最低点右侧某点

C. 最低点　　D. 最高点

5. 在长期平均成本曲线下降的区域，（　　）。

A. 规模报酬递减

B. 长期边际成本曲线下降

C. 长期边际成本曲线位于长期平均成本曲线下方

D. 长期平均成本曲线与短期平均成本曲线的最低点相切

第四章

市场理论

第一节　市场结构、厂商收益和利润最大化

市场结构、厂商收益和利润最大化

一、理论概述

（一）市场结构

市场是商品和服务买卖的场所，市场把买卖商品和服务的消费者和生产者联系在一起。在一个市场中，消费者和生产者的数目可以多，也可以少；买卖的商品可以同质，也可以略有不同；消费者之间、生产者之间或消费者和生产者之间的联系可以紧密，也可以松散；厂商进出市场的难易程度也不相同。市场通常被分为完全竞争市场（简称竞争市场）、完全垄断市场（简称垄断市场）、垄断竞争市场和寡头垄断市场（简称寡头市场）四种基本的市场结构，与此相应的四种厂商类型分别为完全竞争厂商、垄断厂商、垄断竞争厂商和寡头厂商。

（二）厂商收益

1. 总收益、平均收益和边际收益的概念

厂商销售产品获得的收入就是收益。收益可以区分为总收益、平均收益和边际收益。

总收益（TR）是指厂商销售一定数量的产品或服务所获得的全部收入，它等于产品的销售价格（P）和销售数量（Q）的乘积。可用公式表示为：

$$TR(Q) = P(Q) \cdot Q \tag{4.1}$$

式（4.1）中产品的销售价格（P）是厂商面临的需求函数对应销售数量（Q）下的价格。厂商面临的需求函数决定了厂商收益函数的性质。

平均收益（AR）是指厂商销售每单位产品平均获得的收入。平均收益等于总收益与销售数量的比率。可用公式表示为：

$$AR(Q) = TR(Q)/Q = P(Q) \cdot Q/Q = P(Q) \tag{4.2}$$

在销售一定数量产品时，平均收益就是与此需求量对应的价格，而需求曲线可以理解为消费者购买一定数量产品时愿意且能够支付的价格。厂商的平均收益曲线可以由其的产品需求曲线表示。只要以统一的价格来销售一定数量的产品（即不存在价格歧视），这个结论对所有市场结构下的厂商都适用。

边际收益（MR）是指厂商每增加 1 单位商品的销售所带来的收入增加量。可用公式表示为：

$$MR(Q) = \Delta TR/\Delta Q \tag{4.3}$$

或

$$MR(Q) = dTR(Q)/dQ \tag{4.4}$$

2. 总收益、平均收益和边际收益的关系

总收益、平均收益和边际收益既可以分别由总收益函数、平均收益函数和边际收益函数表示，也可以分别由总收益曲线、平均收益曲线和边际收益曲线表示。

总收益、平均收益和边际收益之间的关系，如图 4－1 所示。

总收益曲线 TR 先递增，达到最大值后递减；边际收益曲线 MR 和平均收益曲线 AR 始终是递减的，且边际收益曲线 MR 位于平均收益曲线 AR 的下方，MR 比 AR 下降的速度快。当边际收益大于零时，总收益递增；当边际收益等于零时，总收益达到最大；当边际收益小于零时，总收益递减。

3. 完全竞争厂商的收益曲线

（1）完全竞争厂商面临的需求曲线是一条由市场均衡价格决定的水平线。

在完全竞争市场上，虽然市场的需求曲线是向右下方倾斜的，但由于厂商数目众多，每个厂商的产量占市场份额很小，市场均衡价格

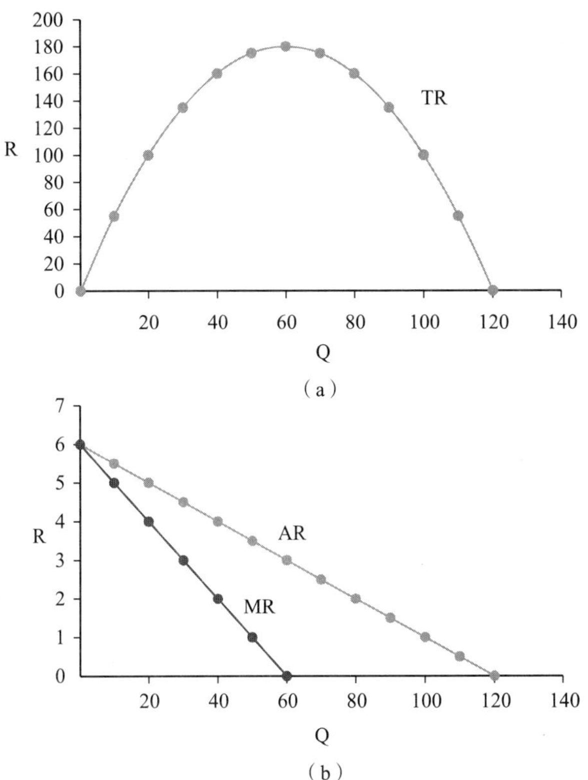

图 4-1　总收益、平均收益和边际收益之间的关系

既定时，每个完全竞争厂商只能接受市场均衡价格，厂商面临的需求曲线不随产量的变动而变动。也就是说，完全竞争厂商面临的需求曲线是一条由市场均衡价格决定的水平线，即 $P(Q)=P_0$。

市场均衡价格不会因单个完全竞争厂商产量的改变而变化，市场均衡价格由完全竞争市场的需求和供给共同决定。当完全竞争市场的需求或供给发生变动时，市场均衡价格也会变动，完全竞争厂商面临的需求曲线也会向上或向下平行移动。

（2）完全竞争厂商的收益曲线。

完全竞争厂商面临的需求曲线是一条由市场价格决定的水平线，即 $P(Q)=P_0$。完全竞争厂商的总收益函数为：

$$TR(Q)=P(Q)\cdot Q=P_0\cdot Q \tag{4.5}$$

完全竞争厂商的总收益曲线是一条由原点出发向右上方倾斜的直线，其斜率为完全竞争市场的市场均衡价格 P_0。

根据平均收益和边际收益的定义，完全竞争厂商的平均收益函数和边际收益函数可表示如下：

$$AR(Q) = TR(Q)/Q = P_0 \cdot Q/Q = P_0 \tag{4.6}$$

$$MR(Q) = dTR(Q)/dQ = P_0 \tag{4.7}$$

完全竞争厂商的平均收益和边际收益都等于市场均衡价格。完全竞争厂商的平均收益曲线和边际收益曲线与其需求曲线三线重合，可用同一条位置由市场均衡价格 P_0 决定的水平线表示。

4. 不完全竞争厂商的收益曲线

在不完全竞争市场上，厂商是市场价格的影响者或决定者。假定厂商面临的需求曲线是向右下方倾斜的，需求函数为 $P = P(Q)$。这时，厂商为了销售更多的产量就会降低价格。

这时，厂商的总收益函数为：

$$TR(Q) = P(Q) \cdot Q \tag{4.8}$$

根据平均收益的定义，这些厂商的平均收益函数可表示为：

$$AR(Q) = TR(Q)/Q = P(Q) \cdot Q/Q = P(Q) \tag{4.9}$$

在厂商面临一条向右下方倾斜的需求曲线时，厂商的平均收益曲线仍与厂商面临的需求曲线重合，也是向右下方倾斜的。

根据边际收益的定义，这些厂商的边际收益函数可表示为：

$$MR(Q) = dTR(Q)/dQ = P(Q) + Q \cdot dP(Q)/dQ \tag{4.10}$$

根据式（4.10），厂商增加一单位产品的销售时，销售收入增加 $P(Q)$ 的同时由于销售数量的增加而导致价格下降，从而使得销售收入减少了一部分。所以，厂商的边际收益曲线位于平均收益曲线的下方。

（三）厂商的利润最大化原则

厂商的利润等于总收益减去总成本，由于厂商的总收益和总成本都取决于厂商的产量，因而厂商的利润也是产量的一个函数。

$$\pi(Q) = TR(Q) - TC(Q) \tag{4.11}$$

式（4.11）中，π 表示利润，经济学中的利润指经济利润或超额利润，TR 和 TC 分别表示总收益和总成本，它们都是产量 Q 的函数。

厂商的目标是追求利润最大化，即选择一个最佳产量水平，使得在该产量水平时利润达到最大。一个函数取最大值的必要条件是其一阶导数等于零。对式（4.11）两边求导得：

$$\pi'(Q) = MR(Q) - MC(Q) \tag{4.12}$$

式（4.12）中，π'、MR 和 MC 分别为边际利润、边际收益和边际成本，它们也是产量 Q 的函数。

利润最大化时边际利润等于零，即 $\pi'(Q) = 0$，也就是边际收益等于边际成本，即 MR(Q) = MC(Q)。

如果厂商的边际收益大于边际成本，即 MR > MC，则厂商增加一单位产量，其所带来的边际收益大于边际成本，厂商的利润会增加，追求利润最大化的厂商必然会增加产量；如果厂商的边际收益小于边际成本，即 MR < MC，则厂商生产的最后一单位产量，其所带来的边际收益小于边际成本，厂商的利润会减少，就这一单位产品来说，厂商是亏损的，因此厂商会减少这一单位产品的生产；只有当厂商的产量恰好处于边际收益等于边际成本时，厂商实现利润最大化，不再调整产量。所以，厂商按照边际收益等于边际成本的原则确定其最优产量。

二、实验操作

实验 4.1

【实验 4.1】厂商收益实验

实验目的：掌握总收益、平均收益和边际收益等概念及其之间的关系，理解平均收益曲线和需求曲线之间的关系。

实验内容：

第一步，以线性需求函数 Q = a - bP 为例，推导总收益、平均收益和边际收益的计算公式。当需求函数中的参数 a、b 变动时，总收益、平均收益和边际收益的计算公式也作相应变动。需求函数中的参数 a 和 b 的调节面板如图 4 - 2 所示。

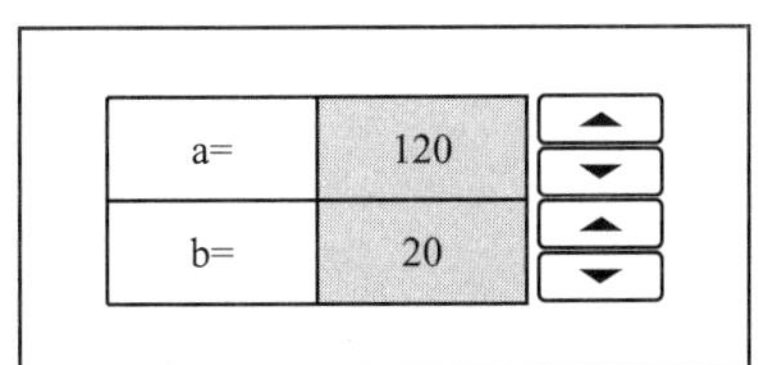

图 4 - 2　需求函数参数调节面板

需求函数参数调节面板中，参数 a 的取值范围为 [10, 200]，步长为 10，参数 b 的取值范围为 [1, 30]，步长为 1。参数 a 和 b 的默认数值分别为 120 和 20。

第二步，根据总收益、平均收益和边际收益的计算公式，生成模拟数据，如表 4 - 1 所示。

表 4 - 1　　总收益、平均收益和边际收益的模拟数据（a = 120，b = 20）

销售数量（Q）	总收益（TR）	平均收益（AR）	边际收益（MR）
0	0	6	6
10	55	5.5	5
20	100	5	4
30	135	4.5	3
40	160	4	2
50	175	3.5	1
60	180	3	0
70	175	2.5	-1
80	160	2	-2
90	135	1.5	-3
100	100	1	-4
110	55	0.5	-5
120	0	0	-6

第三步，根据表 4 - 1 中的数据绘制总收益曲线、平均收益曲线和边际收益曲线，如图 4 - 1 所示。

学生可以通过数据或图形研究总收益、平均收益和边际收益等概念及其之间的关系。学生也可以通过改变需求曲线的参数，观察总收益曲线、平均收益曲线和边际收益曲线的变动。

参考答案

三、巩固练习

1. 厂商销售一定数量的产品或服务所获得的全部收入，被称为（　　）。

A. 总收益　　B. 平均收益　　C. 边际收益　　D. 利润

2. 在任何市场中，厂商的平均收益曲线可以由（　　）。

A. 其的产品供给曲线表示

B. 其的产品需求曲线表示

C. 行业的产品供给曲线表示

D. 行业的产品需求曲线表示

3. 下列关于完全竞争厂商收益曲线的说法不正确的是（　　）。

A. 总收益曲线是一条由原点出发向右上方倾斜的直线

B. 平均收益和边际收益都等于市场价格

C. 平均收益曲线和边际收益曲线的位置不能变动

D. 平均收益曲线和边际收益曲线与其需求曲线三线重合

4. 下列关于不完全竞争厂商收益曲线的说法不正确的是（　　）。

A. 平均收益曲线与厂商面临的需求曲线重合

B. 平均收益曲线向右下方倾斜

C. 边际收益曲线向右下方倾斜

D. 边际收益曲线位于平均收益曲线的上方

5. 厂商实现利润最大化时，（　　）。

A. 边际收益等于价格

B. 边际收益等于边际成本

C. 经济利润等于零

D. 正常利润等于零

第二节　完全竞争市场

完全竞争市场

一、理论概述

（一）完全竞争市场的特征

完全竞争市场上有众多的消费者和众多的厂商；所有厂商供给的产品均为同质的；消费者和厂商具有完全信息；市场中不存在进入和退出壁垒；完全竞争厂商是市场价格的接受者。

（二）完全竞争厂商的短期均衡

1. 产量的决定

完全竞争厂商面临的需求曲线是一条由市场均衡价格决定的水平线，完全竞争厂商的平均收益曲线和边际收益曲线与其需求曲线三线重合，即 $AR = MR = P_0$。厂商按照边际收益等于边际成本的原则确定其最优产量，即 MR = MC。所以，在完全竞争市场上，单个厂商利润最大化的原则为：

$$P_0 = MC \tag{4.13}$$

完全竞争厂商根据这一原则决定提供产品的数量。

2. 经济利润分析

因为 $TR(Q)=AR(Q)\cdot Q$、$TC(Q)=AC(Q)\cdot Q$，又因为 $AR=P_0$，完全竞争厂商的利润函数可表示为：

$$\begin{aligned}\pi(Q)&=TR(Q)-TC(Q)\\&=AR(Q)\cdot Q-AC(Q)\cdot Q\\&=P_0\cdot Q-AC(Q)\cdot Q\\&=(P_0-AC(Q))\cdot Q\end{aligned}\tag{4.14}$$

这表示，完全竞争厂商在根据利润最大化原则 $MR=MC$ 确定产量后，其经济利润 π 取决于市场均衡价格 P_0 与平均成本 AC 的比较。在利润最大化的产量水平上，厂商有三种可能的情况。

①$P_0>AC$，经济利润 $\pi>0$。这种情况厂商是盈利的。厂商获得的经济利润总额为总收益与总成本之间的差额。

②$P_0=AC$，经济利润 $\pi=0$。这种情况厂商是盈亏平衡的。厂商虽然经济利润为零，但可获得全部正常利润。市场均衡价格 P_0 恰好位于平均成本曲线最低点，边际收益曲线与边际成本曲线在平均成本曲线最低点相交，该点被称为盈亏平衡点。

③$P_0<AC$，经济利润 $\pi<0$。这种情况厂商是亏损的。厂商不但没有得到经济利润，也没有得到全部的正常利润，甚至有可能得不到任何的正常利润。

厂商在利润最大化产量上生产时，如果出现亏损，则厂商是否应该停产？在短期内厂商的固定成本无法改变，可被视为沉没成本。在这种情况下，厂商只需比较市场均衡价格 P_0 与平均可变成本 AVC 的大小，二者之间有三种可能。

①$AC>P_0>AVC$。这种情况下市场均衡价格 P_0 低于平均成本但高于平均可变成本。厂商如果进行生产，则销售商品获得的总收益可以弥补全部的可变成本和部分固定成本；如果停产，则全部固定成本都无法收回。市场均衡价格 P_0 位于平均成本最低点和平均可变成本最低点之间时，短期内厂商继续生产比停产更有利可图，这时厂商会选择继续生产。

②$AC>P_0=AVC$。这种情况下市场均衡价格 P_0 恰好位于平均可变成本最低点。厂商如果进行生产，只能收回全部可变成本，而固定成本则全部无法收回。厂商生产和不生产是一样的，达到了一个生产决策的临界点，该点被称为停止营业点。

③$AC>P_0<AVC$。这种情况下市场均衡价格 P_0 不但低于平均成本，也低于平均可变成本。厂商如果进行生产，其总收益只能收回部

分可变成本，全部固定成本和部分可变成本都无法收回，而停产仅损失全部固定成本，因此，厂商此时的最优选择是停产。

（三）完全竞争厂商的长期均衡

在长期中，厂商将不断调整固定投入的数量，使得在每个产量下，生产规模都是最优的。因此长期成本曲线将是厂商决策的依据。与短期中的行为一样，追求利润最大化的厂商选择最优产量的必要条件是边际收益等于长期边际成本。厂商所选择的最优产量不只是长期利润最大化产量，同时也是相应的最优生产规模上的短期利润最大化产量。

当市场均衡价格不低于长期平均成本最低点时，经济利润大于等于零，厂商选择最优生产规模提供供给；否则，厂商退出该行业。一个有经济利润的行业能够吸引其他行业的厂商进入本行业，一个有经济亏损的行业会使原有厂商退出。在一个行业中，当经济利润为零时，长期均衡就实现了。完全竞争厂商的长期均衡出现在长期平均成本曲线的最低点，生产的平均成本降到长期平均成本曲线的最低点，市场均衡价格也位于长期平均成本曲线的最低点。

完全竞争厂商的长期均衡条件可表示为：

$$P_0 = MR = LMC = SMC^* = LAC = SAC^* \tag{4.15}$$

二、实验操作

实验 4.2

【实验 4.2】完全竞争厂商短期均衡实验

实验目的：掌握完全竞争厂商决定提供产品数量的原则，能够分析短期均衡时的经济利润。

实验内容：

第一步，成本分析。根据总成本函数，生成总成本、可变成本、固定成本、平均成本、平均可变成本、平均固定成本、边际成本的模拟数据。

当总成本函数 $TC(Q) = aQ^3 + bQ^2 + cQ + d$ 中的参数 a、b、c、d 分别取值为 0.007、-0.522、15、100 时，生成产量 Q 取值范围在［0，70］的模拟数据。根据模拟数据绘制平均成本曲线、平均可变成本曲线和边际成本曲线，如图 4-3 所示。平均固定成本可由平均成本曲线和平均可变成本曲线之间的垂直距离表示，不再绘制平均固定成本曲线。

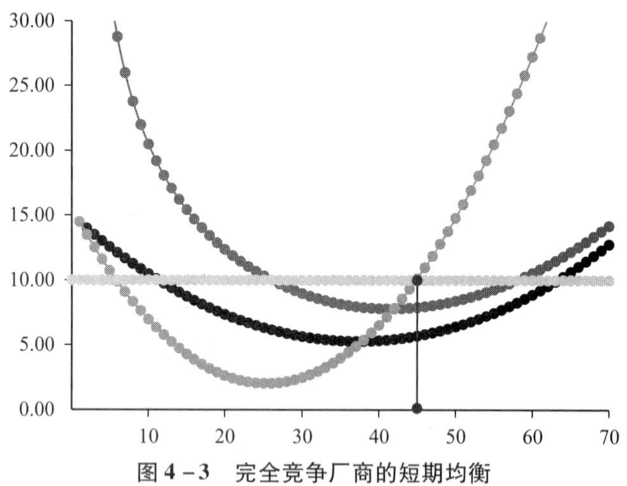

图 4-3 完全竞争厂商的短期均衡

第二步，收益分析。完全竞争厂商面临的需求曲线：$P = P_0$。P_0 为由市场供求状况决定的市场均衡价格，在本实验中将 P_0 设置为可以直接调节的外生变量。P_0 取值范围为［1，20］，步长为0.1，调节面板如图 4-4 所示。

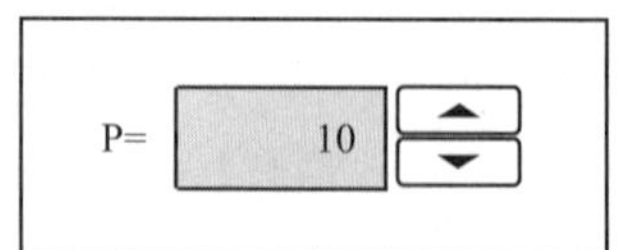

图 4-4 市场均衡价格的调节面板

根据完全竞争厂商面临的需求曲线，生成其平均收益和边际收益的模拟数据，并绘制重合在一起的平均收益曲线和边际收益曲线，如图 4-3 所示。

第三步，利润分析。完全竞争厂商提供产品的数量根据利润最大化原则 $P_0 = MC$ 决定。厂商决定产量后是盈利、亏损还是盈亏平衡？厂商的利润取决于价格 P 和相应产量下平均成本 AC 的对比。

学生可以通过调整价格 P 的大小，使厂商分别处于盈利、亏损和盈亏平衡三种状态。在厂商处于亏损时短期内是否应该继续生产？取决于价格 P 和平均可变成本 AVC 的对比。学生可以继续调低价格 P，使厂商出现亏损但继续生产、恰好处于停止营业点或停止生产三种状态。

参考答案

三、巩固练习

1. 完全竞争市场中厂商面临的需求曲线是（　　）。

A. 水平的　　B. 垂直的

C. 向右上方倾斜的　　D. 向右下方倾斜的

2. 在完全竞争市场上，厂商短期内继续生产的最低条件为（　　）。

A. MR = MC　　B. AC = AR　　C. AVC≤AR　　D. AVC≥AR

3. 短期内，如果完全竞争厂商所面对的平均收益高于平均可变成本但低于平均成本，则（　　）。

A. 盈利，继续生产　　B. 出现亏损，但不停产

C. 出现亏损，停止生产　　D. 盈亏平衡

4. 完全竞争市场长期均衡时，则（　　）。

A. 原有厂商退出市场

B. 新厂商进入市场

C. 既没有厂商进入，也没有厂商退出

D. 所有厂商停业

5. 若完全竞争厂商在某一产量水平上，其边际成本、平均成本和边际收益三者都相等，则厂商（　　）。

A. 有超额利润

B. 有正常利润

C. 既没有超额利润，也没有正常利润

D. 退出该行业

第三节　完全垄断市场

安全垄断市场

一、理论概述

（一）完全垄断市场的特征

完全垄断市场中有众多消费者，但只有一个厂商；厂商提供的产品不存在相似的替代品；市场中存在进入壁垒，其他行业中的厂商难

以进入；完全垄断厂商是市场价格的决定者。

（二）完全垄断厂商的短期均衡

1. 产量和价格的决定

在完全垄断市场上只有一家厂商，市场需求曲线就是完全垄断厂商面临的需求曲线。假定市场需求曲线 $P=P(Q)$ 是一条向右下方倾斜的曲线。再假定完全垄断厂商销售既定产量的产品时把消费者愿意支付的价格作为销售价格（在讨论完全垄断厂商的价格歧视时放弃该假定），完全垄断厂商的需求曲线也是它的平均收益曲线，其边际收益曲线位于平均收益曲线下方。

完全垄断厂商也是按照边际收益等于边际成本的原则确定其最优产量，即 $MR=MC$。在决定出产量后，完全垄断厂商还需要依据需求曲线决定产品的销售价格，这一价格也是市场的均衡价格。

2. 经济利润分析

因为 $TR(Q)=AR(Q)\cdot Q$、$TC(Q)=AC(Q)\cdot Q$，完全垄断厂商的利润函数如下：

$$\begin{aligned}\pi(Q)&=TR(Q)-TC(Q)\\&=AR(Q)\cdot Q-AC(Q)\cdot Q\\&=(AR(Q)-AC(Q))\cdot Q\end{aligned}\tag{4.16}$$

这表示，完全垄断厂商在根据利润最大化原则 $MR=MC$ 确定产量后，其经济利润 π 取决于平均收益 AR（也是市场价格 P）与平均成本 AC 的比较。在利润最大化的产量水平上，完全垄断厂商也有三种可能的情况。

①$AR>AC$，经济利润 $\pi>0$。这种情况厂商是盈利的。厂商获得的经济利润总额为总收益与总成本的差额。

②$AR=AC$，经济利润 $\pi=0$。这种情况厂商是盈亏平衡的。厂商虽然经济利润为零，但可获得全部正常利润。完全垄断厂商的平均收益曲线（需求曲线）与其平均成本曲线相切，该切点是完全垄断厂商的盈亏平衡点。

③$AR<AC$，经济利润 $\pi<0$。这种情况厂商是亏损的。厂商不但没有得到经济利润，也没有得到全部的正常利润，甚至有可能得不到任何的正常利润。

完全垄断厂商在出现亏损时，还需要进一步比较平均收益 AR 与平均可变成本 AVC 的大小，二者之间有三种可能。

①$AR>AVC$。这种情况下平均收益即市场均衡价格低于平均成本但高于平均可变成本。厂商如果进行生产，则销售商品获得的总收

益可以弥补全部可变成本和部分固定成本；如果停产，则全部固定成本都无法收回，这时厂商会选择继续生产。

②AR = AVC。这种情况下完全垄断厂商的平均收益曲线与其平均可变成本曲线相切。厂商如果进行生产，只能收回全部可变成本，而固定成本则全部无法收回。厂商生产和不生产是一样的，达到了一个生产决策的临界点，该点是完全垄断厂商的停止营业点。

③AR < AVC。这种情况下平均收益即市场均衡价格不但低于平均成本，也低于平均可变成本。厂商如果进行生产，其总收益只能收回部分可变成本，全部固定成本和部分可变成本都无法收回，而停产仅损失全部固定成本，因此，厂商此时的最优选择是停产。

（三）完全垄断厂商的长期均衡

在长期中，完全垄断厂商可以根据市场需求的水平，调整生产规模，使得短期成本降低到长期成本的水平。完全垄断厂商仍然根据市场需求确定其平均收益曲线和边际收益曲线。完全垄断厂商根据边际收益等于长期边际成本的原则选择产量。完全垄断厂商实现长期均衡的条件为 $MR = LMC = SMC^*$。

对于既定的市场需求和长期成本，如果平均收益大于长期平均成本时，完全垄断厂商可以获取超额利润。由于完全垄断市场中只有一个厂商，进入壁垒排除了其他厂商进入的可能，因此完全垄断厂商的超额利润可以在长期保持下来而不会消失。如果平均收益小于长期平均成本，则完全垄断厂商处于亏损状态，它就会退出该市场。

（四）价格歧视

1. 价格歧视的定义和条件

价格歧视是指将相同成本的同一种产品向不同的消费者以不同的价格销售。如果某些产品的价格差异显著地不同于它们的成本差异，也可以说存在价格歧视。

完全垄断厂商实行价格歧视，必须满足以下条件：

（1）市场的垄断性。

实行价格歧视的厂商必须是市场价格的决定者，并且不存在来自其他厂商的竞争。否则，竞争者只要实行低于歧视价格的价格就会把消费者吸引走。

（2）市场可以分割。

总市场能够被分割成若干相互独立的分市场。在不同的分市场之间不存在倒买倒卖行为。

（3）各个市场对同种商品的需求价格弹性不同。

这时垄断者可以对需求价格弹性较小的市场实行较高的价格，以获得垄断利润；对需求价格弹性较大的市场实行较低的价格。

2. 一级价格歧视

一级价格歧视又被称为完全价格歧视，是指完全垄断厂商对每一单位产品按照消费者愿意并能够支付的最高价格逐个确定产品销售价格。此时向右下方倾斜的需求曲线表示厂商每多销售1单位产品所增加的收益，垄断厂商的需求曲线成为其边际收益曲线。一级价格歧视的结果是完全垄断厂商夺走了全部消费者剩余。

3. 二级价格歧视

二级价格歧视又被称为非线性定价，是指完全垄断厂商按不同的价格出售不同单位的产品，但是每个购买相同数量产品的消费者支付相同的价格。二级价格歧视下完全垄断厂商并未夺走全部消费者剩余，完全垄断厂商面临的需求曲线不是其边际收益曲线。

4. 三级价格歧视

三级价格歧视又被称为市场歧视，是指完全垄断厂商按需求价格弹性大小，把消费者分为不同的市场，同一产品在不同市场销售时实行不同的价格。对需求价格弹性较小的市场实行较高的价格，对需求价格弹性较大的市场实行较低的价格。

实验 4.3

二、实验操作

【实验 4.3】完全垄断厂商短期均衡实验

实验目的：掌握完全垄断竞争厂商决定提供产品数量的原则，能够分析短期均衡时的经济利润。

实验内容：

第一步，成本分析。完全垄断厂商的成本分析与【实验 4.2】中类似。

第二步，收益分析。完全垄断厂商面临的需求曲线就是市场的需求曲线，是一条向右下方倾斜的直线，假定市场的需求函数为 $Q = a - bP$。a 的取值范围为［10，200］，步长为 1；b 的取值范围为［3，15］，步长为 0.1。调节面板如图 4－5 所示。

根据完全垄断厂商面临的需求曲线，生成其平均收益和边际收益的模拟数据，并绘制平均收益曲线和边际收益曲线，如图 4－6 所示。

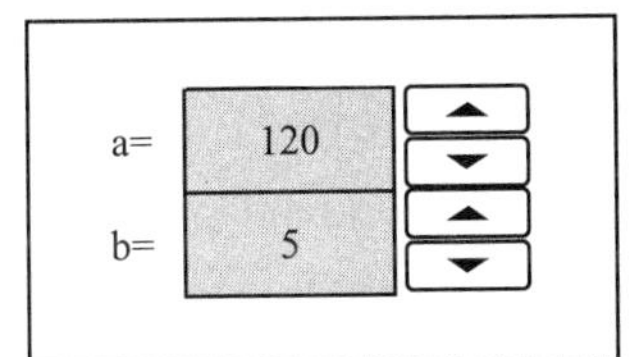

图 4－5　完全垄断厂商需求曲线的调节面板

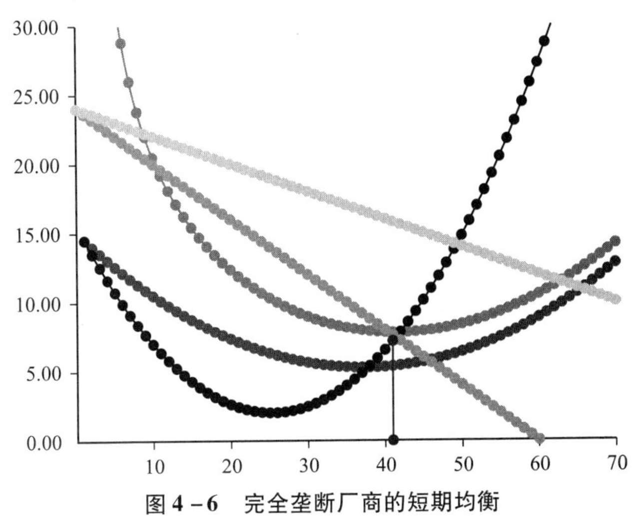

图 4－6　完全垄断厂商的短期均衡

第三步，利润分析。完全垄断厂商提供产品的数量根据利润最大化原则 MR = MC 决定。厂商决定产量后是盈利、亏损还是盈亏平衡？完全垄断厂商的利润取决于相应产量下平均收益 AR 和平均成本 AC 的对比。

学生可以通过调整需求曲线的位置，进而改变平均收益曲线和边际收益曲线的位置，使厂商分别处于盈利、亏损和盈亏平衡三种状态。在完全垄断厂商处于亏损时短期内是否应该继续生产？取决于平均收益 AR 和平均可变成本 AVC 的对比。学生可以通过调低需求曲线的位置，使厂商出现亏损但继续生产、恰好处于停止营业点或停止生产三种状态。

三、巩固练习

参考答案

1. 对于完全垄断厂商来说，其边际收益（　　）。

   A. 大于价格　　B. 等于价格

   C. 小于价格　　D. 大于或等于价格

2. 完全垄断厂商达到短期均衡时，（　　）。

A. P = MC　　　B. P = AC
C. MR = MC　　　D. P 等于平均成本的最小值

3. 在一级价格歧视下，垄断厂商的（　　）。
A. 需求曲线与总收益曲线重合
B. 需求曲线与边际收益曲线重合
C. 需求曲线与平均收益曲线重合
D. 边际成本曲线与边际收益曲线重合

4. 在二级价格歧视下，垄断厂商的（　　）。
A. 消费者剩余部分转化为厂商收益
B. 消费者剩余全部转化为厂商收益
C. 需求曲线与边际收益曲线重合
D. 需求曲线与平均收益曲线重合

5. 在三级价格歧视下，垄断厂商在不同的市场定不同的价格。如果 A 市场的价格高于 B 市场的价格，则 A 市场的需求价格弹性 E_{PA} 和 B 市场的需求价格弹性 E_{PB} 的关系为（　　）。
A. $E_{PA} > E_{PB}$　B. $E_{PA} = E_{PB}$　C. $E_{PA} < E_{PB}$　D. 不确定

第四节　垄断竞争市场和寡头垄断市场

垄断竞争市场和寡头垄断市场

一、理论概述

（一）垄断竞争市场的特征

垄断竞争市场中有大量的消费者和厂商；厂商提供有差异但彼此接近的替代品；厂商进入或退出市场的壁垒较低；垄断竞争厂商是市场价格的影响者。

（二）垄断竞争厂商的短期均衡

1. 垄断竞争厂商的需求曲线

垄断竞争厂商有两条需求曲线。一条是假定整个市场中所有厂商的行为相同时，单个厂商所占市场份额的需求曲线，记作 DD′，称其为客观需求曲线；另一条假定所讨论的代表厂商改变价格时，其他厂商保持原来的价格不变，这条需求曲线记作 dd′，称其为主观需求曲线。在客观需求曲线上，所有厂商都改变相同价格，每个厂商的顾客数量不变，只改变各自顾客的购买数量；在主观需求曲线上，代表厂商改变价格时，其他厂商价格不变，此时不但会改变原有顾客的购买数量，还会有顾客数量的增减。所以，垄断竞争厂商的主观需求曲线比其客观需求曲线更平缓。

2. 产量和价格的决定

假定垄断竞争市场中有若干个相同的垄断竞争厂商，所有垄断竞争厂商的情况都一样，它们具有相同的成本曲线和相同的需求曲线。

垄断竞争厂商在做产量和价格决定时，假定其他厂商保持原来的决策不变，所以垄断竞争厂商依据其面临的主观需求曲线做决策。平均收益曲线和主观需求曲线重合，边际收益曲线又位于平均收益曲线下方。垄断竞争厂商根据边际收益等于边际成本的利润最大化原则确定其产量，在主观需求曲线上确定索要的价格。如果该产量和价格的组合点恰好是主观需求曲线和客观需求曲线的交点，则该决策也是其他厂商的最优决策，垄断竞争厂商实现短期均衡。如果主观需求曲线和客观需求曲线的交点位于代表厂商决策的产量和价格的组合点的左上方，则其他厂商也会采取相同的价格策略，并对应于这一价格调整自己的产量。所有厂商的价格都调整到新的价格后，主观需求曲线平行向下移动，其和客观需求曲线的交点会沿着客观需求曲线移动到新的价格水平。如果移动后的新交点与代表厂商的产量价格组合点还不一致，代表厂商会根据新的主观需求曲线确定自己的收益曲线，根据新的边际收益曲线和边际成本曲线相等原则决策出新的产量，在新的主观需求曲线上决策出对应的价格水平，其他厂商也会做相应调整。该调整过程一直持续到代表厂商的产量价格组合点与主观需求曲线和客观需求曲线的交点一致为止，此时，垄断竞争厂商便实现了短期均衡。

3. 经济利润分析

垄断竞争厂商的经济利润分析与完全垄断厂商一样，当平均收益大于平均成本时，有超额利润；当平均收益等于平均成本时，经济利润为零，但有正常利润；当平均收益小于平均成本时，处于亏损状态。此时，垄断竞争厂商是否停产还要继续比较平均收益和平均可变成本的大小。当平均收益大于平均可变成本时，厂商在短期内继续生产；当平均收益等于平均可变成本时，厂商处于停止营业点；当平均收益小于平均可变成本时，厂商停产。

（三）垄断竞争厂商的长期均衡

在垄断竞争市场，厂商可以进入和退出。垄断竞争厂商实现长期均衡时经济利润必定为零。如果存在经济利润，就会有新的厂商进入。在市场需求既定条件下，随着厂商数目的增多，各厂商的份额减少，垄断竞争厂商的客观需求曲线向左下方平行移动，其主观需求曲线和收益曲线也随之向左下方移动，直到在利润最大化产量上的平均收益曲线和平均成本曲线相切为止，即经济利润为零，垄断竞争厂商就实现了长期均衡。

垄断竞争厂商的长期均衡条件为：

$$MR = LMC = SMC^*, \quad AR = LAC = SAC^* \tag{4.17}$$

（四）寡头垄断市场的特征

寡头垄断市场上厂商数量较少，单个厂商的产销量占整个市场的份额较大；产品既可以同质，也可以存在差别；寡头厂商之间的行为互相依存；寡头垄断市场上的价格相对稳定，竞争可以是非价格形式；市场上存在进入壁垒；寡头垄断厂商对价格具有一定的影响力，但不能决定价格，是价格的寻求者。

（五）古诺模型

假定寡头垄断市场上有两个厂商，分别称其为厂商 1 和厂商 2，两个厂商生产完全相同的产品；假定两个厂商生产产品的边际成本为常数，为简化分析，假定这个常数为零，即 $MC_1 = MC_2 = 0$；信息是完全的，每个厂商都知道对方的情况；两个厂商分享市场，且面临的都是线性需求曲线，$Q = q_1 + q_2$；每个厂商根据对方的行动对自己的产量进行决策，决策时总是把对方的产量看成固定不变的量。

假定市场需求函数为：$P = a - bQ = a - b(q_1 + q_2)$

两个厂商的利润函数分别为：

$$\begin{aligned}\pi_1 &= TR_1 - TC_1 = P \cdot q_1 - TC_1 \\ &= [a - b(q_1 + q_2)]q_1 - TC_1 \\ &= aq_1 - bq_1^2 - bq_1q_2 - TC_1 \\ \pi_2 &= TR_2 - TC_2 = P \cdot q_2 - TC_2 \\ &= [a - b(q_1 + q_2)]q_2 - TC_2 \\ &= aq_2 - bq_1q_2 - bq_2^2 - TC_2\end{aligned}$$

每个厂商都把对方的产量看成固定不变的量时，厂商 1 和厂商 2 根据利润最大化原则选择自己的产量。我们分别对其利润函数求一阶导数，并令其等于0。

$$\frac{d\pi_1}{dq_1}=a-2bq_1-bq_2-MC_1=0$$

$$\frac{d\pi_2}{dq_2}=a-bq_1-2bq_2-MC_2=0$$

将 $MC_1=MC_2=0$ 代入，整理，得：

$$a-2bq_1-bq_2=0$$

$$a-bq_1-2bq_2=0$$

可以分别解出两个厂商的反应函数，如下：

$$q_1=\frac{a}{2b}-\frac{q_2}{2}$$

$$q_2=\frac{a}{2b}-\frac{q_1}{2}$$

一个厂商的反应函数是当对方厂商给出既定产量时，自己应该选择的最优产量。

两个反应函数组成联立方程组，解得：

$$q_1^*=q_2^*=\frac{a}{3b}$$

$$Q^*=q_1^*+q_2^*=\frac{2a}{3b}$$

在完全垄断市场，当市场需求函数为 $P=a-bQ$ 时，完全垄断厂商的总收益为：

$$TR=P\cdot Q=(a-bQ)Q=aQ-bQ^2$$

完全垄断厂商的边际收益 $MR=a-2bQ$，边际成本 $MC=0$，根据利润最大化原则，完全垄断厂商选择的最优产量即完全垄断市场的产量为 $a/2b$。可见，寡头垄断市场的产量大于完全垄断市场的产量。

（六）卡特尔

卡特尔是一些厂商公开或秘密地勾结在一起，形成串谋行为。这些厂商共同制定价格、限制产量和瓜分利润，像一个完全垄断厂商一样，追求总体的利润最大化。

卡特尔实现利润最大化的原则为卡特尔的边际收益等于卡特尔的边际成本。卡特尔的边际收益可由卡特尔面临的需求曲线求得；卡特尔的边际成本可由各个成员的边际成本曲线水平相加求得。卡特尔根据其边际收益等于边际成本的原则确定产量，并在需求曲线上索要价格。

在确定卡特尔的总产量后，卡特尔成员按照各自的边际成本都相等，且都等于卡特尔边际收益的原则确定各自的产量，卡特尔成员的产量之和是卡特尔的总供给量，卡特尔实现利润最大化。由于各个成员的经济实力不完全相同，卡特尔的这种产量分配方式仅是一种理想的产量分配方式。产量被这样分配之后，各厂商的利润是不同的。各厂商从各自利润最大化出发，在期望获取更多利润等原因的驱使下，卡特尔的协议及相应的分配结果是不稳定的。各厂商都有另做手脚的动机，卡特尔是不稳固的。

实验 4.4

二、实验操作

【实验 4.4】古诺模型实验

实验目的：掌握古诺模型中寡头厂商的产量决策，理解寡头厂商之间策略行为的依存性。

实验内容：

第一步，市场需求。为便于计算，设定市场需求函数的反函数为 $P=a-bQ$，假设两个寡头厂商 1 和厂商 2 平分市场，其产量分别为 q_1 和 q_2，$Q=q_1+q_2$。参数 a 的取值范围为［1，12］，步长为1；参数 b 的取值范围为［0.004，0.02］，步长为0.001。调节面板如图 4－7 所示。

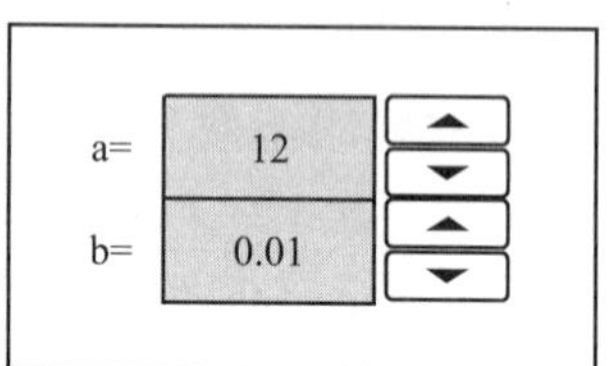

图 4－7　市场需求曲线的调节面板

第二步，收益分析。每个厂商的收益函数由市场需求曲线决定的价格与各自产量之积得出。

第三步，成本分析。假定两个厂商的边际成本为常数，两个厂商的边际成本可以不一样，其设定面板如图 4－8 所示。

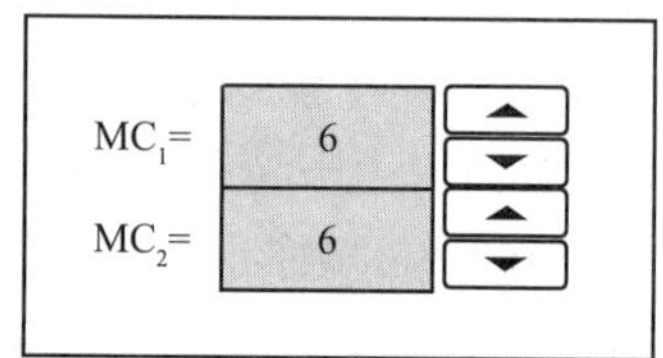

图 4－8　厂商 1 和厂商 2 边际成本的设定

根据两个厂商的边际成本分别计算得到其各自的总成本。

第四步，利润分析。由总收益减去总成本，得到利润函数。再对利润函数求一阶导数，并令其等于零，整理得到两个厂商的反应函数。两个厂商的反应函数曲线如图 4－9 所示。

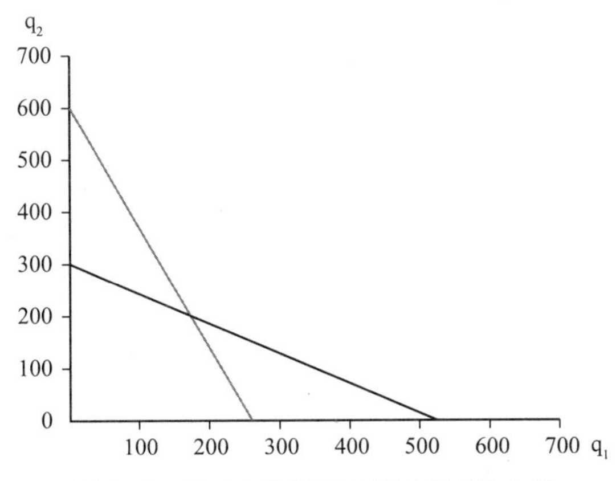

图 4－9　厂商 1 和厂商 2 的反应函数曲线

第五步，古诺均衡求解。两个厂商的反应函数联立方程组求解，得古诺均衡解。

学生可以通过改变市场需求反应函数的参数或改变两个厂商的边际成本，研究古诺均衡解随之变动的情况。

三、巩固练习

参考答案

（一）单项选择题

1. 在垄断竞争市场，若厂商提高产品价格，则该厂商产品的销售量将（　　）。

A. 为零　　B. 增加

C. 减少，但不会为零　　D. 不变

2. 在垄断竞争厂商处于短期均衡时，一定正确的是（　　）。

A. MR = MC　　B. AR = AC

C. AR = AVC　　D. AR > AVC

3. 在垄断竞争厂商处于长期均衡时，一定正确的是（　　）。

A. MR = LMC = AR = LAC　　B. MR = LMC，AR < LAC

C. MR = LMC，AR > LAC　　D. MR = LMC，AR = LAC

4. 在古诺模型中，厂商决策时总是把对方的（　　）看成固定不变的量。

A. 产量　　B. 价格　　C. 成本　　D. 利润

5. 卡特尔实现利润最大化时，下面说法错误的是（　　）。

A. 卡特尔的边际收益等于卡特尔的边际成本

B. 卡特尔成员按照各自边际成本等于各自边际收益的原则确定各自的产量

C. 卡特尔成员按照各自边际成本等于卡特尔边际收益的原则确定各自的产量

D. 卡特尔的协议及相应的分配结果是不稳定的

（二）计算题

假设双寡头垄断市场，厂商1和厂商2面临的共同市场需求函数为 $P=12-0.01(q_1+q_2)$，厂商1的边际成本为6，厂商2的边际成本为3，计算古诺均衡解。

第五章

宏观经济学的基本指标及其衡量

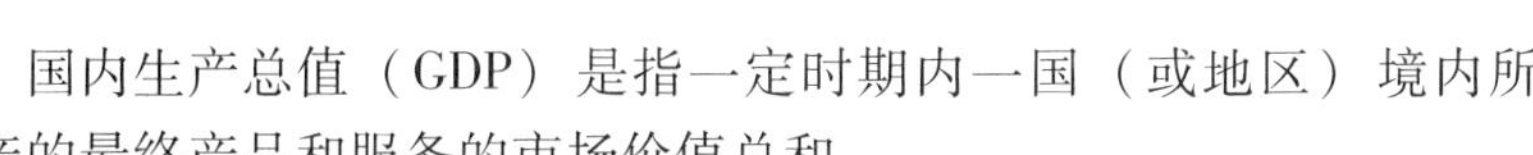

第一节　总产出的衡量

总产出的衡量

一、理论概述

（一）国内生产总值

国内生产总值（GDP）是指一定时期内一国（或地区）境内所生产的最终产品和服务的市场价值总和。

1. GDP是一个市场价值概念

GDP以市场价格来衡量产品和服务的价值，一般用某种货币单位表示。

因为不同产品和服务的经济价值不同，它们的产出数量不能直接相加，使用市场价格作为权重，加权相加。注意以下四点：

（1）没有市场价格的产品和服务不计入GDP。

有些产品和服务不在市场上销售，从而没有市场价格，如家务劳动，由于估值的困难，大部分自己生产并自己消费的产品和服务的价值没有反映在GDP中。

（2）自有住房服务计入GDP。

GDP包括由住房存量提供的住房服务的市场价值。房客租赁住房购买的是住房服务，租金是 GDP 的一部分。自有住房的房主也享受了住房服务，政府通过估算这些房主“支付”给自己的隐含租金价值，自有住房服务计入 GDP。

（3）GDP 度量包含了政府所提供服务的价值。

大部分政府服务不在市场上交易，没有市场价格，GDP 核算时按照这些服务的成本来估值。

（4）地下经济不计入 GDP。

地下经济是人们避开政府的经济交易活动，由于获得数据的困难或者其非法属性，这些经济活动被排除在 GDP 估算之外。

2. 最终产品和服务

在一定时期内所生产的产品可分为中间产品和最终产品。中间产品是指在同期生产出来的，在其他产品的制造过程中被消耗掉的产品和服务。最终产品是指在同期生产出来的，并由最终使用者购买的产品和服务。

强调最终产品和服务，是为了避免重复计算。在实践中，通常使用增加值法来避免重复计算。

3. 所生产的

GDP 强调的是所生产而非所销售的产品和服务。存货是指企业的库存，包括未出售的产品、半成品以及原材料。存货相当于企业自己“购买”了那部分未出售的产品，是企业物质资本存量的增加，称为存货投资。存货投资被视为最终产品，构成 GDP 的一部分。

4. 本期产出（一定时期）

GDP 由当期所生产的产出的价值构成，不包括过去生产的、现期又重复交易的产品。例如：二手房屋的交易不计入本期的 GDP，但房产经纪人的费用计算为 GDP 的一部分。

区分流量和存量。流量是一定时期内发生的变量，存量是一定时点上存在的变量。

区分变量是存量还是流量，有助于更清楚理解有关变量的区别和联系。GDP 是一个流量概念。

5. 一国（或地区）境内

GDP 强调地域原则。只要是在本国（地区）境内生产的产品和服务的价值都计入 GDP。

（二）支出法衡量 GDP

一国经济从对产品和服务需求的角度可以划分为四个部门，即家庭部门、企业部门、政府部门和国际部门。

1. 消费（C）

消费指家庭购买的产品和服务，包括耐用品支出、非耐用品支出和服务支出。

2. 投资（I）

投资指一定时期社会实际资本的增加，它包括企业固定投资、住宅投资和存货投资。

（1）企业固定投资。

企业固定投资是指企业购买的新厂房和设备等。因为它们在当年并未被消耗掉，因而它们不是中间产品，而是最终产品。

资本品由于损耗造成的价值减少被称为折旧，折旧又被称为重置投资。重置投资是指更新在生产过程中被消耗掉的那部分资本存量的投资。

GDP 中的企业固定投资是指总投资，即折旧与净投资之和。

$$\text{总投资} = \text{折旧（重置投资）} + \text{净投资} \tag{5.1}$$

$$\text{当年净投资} = \text{当年年终资本存量} - \text{上年年终资本存量} \tag{5.2}$$

（2）住宅投资。

住宅投资是指新建住宅和公寓的支出。家庭在住宅上的支出计入投资，因为它们在相当长的一段时间内为人们提供了住房服务。

（3）存货投资。

存货投资是指企业持有的存货价值的变化。它可表示为：

$$\text{当年的存货投资} = \text{当年年终存货量} - \text{上年年终存货量} \tag{5.3}$$

说明：宏观经济学上的投资并不包括仅仅在不同个人之间重新配置资产的购买，如购买债券和普通股票。因为它并不增加经济体的实际资产存量。

3. 政府购买（G）

政府购买指各级政府购买产品和服务的支出。政府购买包括政府雇员的薪金支出。政府支出的另外一部分，如社会保障和福利支出等项目（被称为政府转移支付）通常不计入 GDP，因为政府转移支付构成个人收入的一部分，通过消费支出影响 GDP。

4. 净出口（NX）

净出口指产品和服务的出口（X）价值与产品和服务的进口（M）价值的差额。

用支出法计算 GDP 的公式：

$$GDP = C + I + G + (X - M) \tag{5.4}$$

或

$$GDP = C + I + G + NX \tag{5.5}$$

（三）收入法衡量 GDP

生产要素的所有者所获得的收入的总和，它由 6 种类型的收入组成。

1. 雇员报酬

工人赚到的工资和福利津贴。包括雇主为雇员支付的养老金、社会保障以及工资收入者必须缴纳的所得税。

2. 非公司企业收入

各种类别的非公司形式的个体经营者，如律师、农民、夫妻店等。他们是自己雇用自己，使用自有资本经营，他们的收入包括劳动收入和资本收入。

3. 个人租金收入

个人租金收入指个人出租土地、房屋等取得的收入减去折旧等支出。包括房主向自己"支付"的估算租金，以及作家的版税收入、艺术家的唱片收入、专利等这一类型的收入。

4. 公司利润

公司利润等于企业在支付中间产品、工资、租金及其他成本后剩余的收益。公司利润将用于支付税收（如公司所得税）与股东分红，剩余收益由公司持有。

5. 净利息

净利息等于个人从企业获得的利息减去所支付的利息的差额。

6. 企业转移支付和间接税

除了这 6 类外，还要将以下两类计入 GDP：

资本折旧。在计算非公司企业收入、个人租金收入、公司利润时，需要将折旧从总收入中扣除。它虽然不是要素收入，但包括在应收回的投资成本中，在用收入法计算 GDP 时必须将折旧加回。

统计误差。在国民收入核算中，一般是以支出法的结果为准。把支出法的结果减去收入法的结果的差额看作是收入法的误差。

按收入法核算所得到的 GDP 可表示为：

$$GDP = 工资 + 租金 + 利息 + 利润 + 企业专业支付和间接税 + 折旧 \tag{5.6}$$

尽管衡量 GDP 的方法不同，但从理论上说，这些方法衡量的结果应该相同。从这个意义上说，可以把 GDP 简称为总产出、总收入或总支出。在宏观经济学中，通常用英文字母 Y 表示总产出。

（四）与 GDP 相关的其他指标

1. 国民生产总值（GNP）

国民生产总值是指一定时期内本国生产要素所生产的最终产品和

服务的市场价值总和。它以人口为统计标准，强调国民原则。

国民生产总值和国内生产总值的关系是：

$$\text{GNP} = \text{GDP} + \begin{matrix}\text{暂住国外的本国公民的}\\\text{资本和劳务创造的价值}\end{matrix} - \begin{matrix}\text{暂住国内的外国公民的}\\\text{资本和劳务创造的价值}\end{matrix} \tag{5.7}$$

如果将暂住国外的本国公民的资本和劳务创造的价值减去暂住国内的外国公民的资本和劳务创造的价值，记为国外净要素收入，则式（5.7）可表示为：

$$\text{GNP} = \text{GDP} + \text{国外净要素收入} \tag{5.8}$$

当国外净要素收入 >0 时，GNP > GDP；当国外净要素收入 <0 时，GNP < GDP。

现在大多数国家和地区都以 GDP 作为衡量经济中产出的基本指标。

2. 国民生产净值（NNP）

国民生产净值等于国民生产总值中扣除当年消耗掉的资本（折旧）后的价值余额。

$$\text{NNP} = \text{GNP} - \text{折旧} \tag{5.9}$$

3. 国内生产净值（NDP）

国内生产净值等于国内生产总值中扣除折旧的价值余额。

$$\text{NDP} = \text{GDP} - \text{折旧} \tag{5.10}$$

4. 国民收入（NI）

国民收入是指一国全部生产要素在一定时期内提供服务所获得的报酬的总和，即工资、租金、利息和利润的总和。

$$\text{NI} = \text{工资} + \text{租金} + \text{利息} + \text{利润} \tag{5.11}$$

5. 个人收入（PI）

国民收入不是个人收入。国民收入中有三个主要项目不会成为个人收入，公司未分配利润、公司所得税、社会保险税。政府转移支付（以及公债利息）虽然不属于国民收入（生产要素报酬），却会成为个人收入。

$$\text{PI} = \text{NI} - \text{公司未分配利润} - \text{公司所得税} - \text{社会保险税} + \text{政府转移支付} \tag{5.12}$$

6. 个人可支配收入（PDI）

个人收入并不能完全归个人支配，个人还要向政府缴纳所得税，税后的个人收入被称为个人可支配收入。

$$\text{PDI} = \text{PI} - \text{个人所得税} \tag{5.13}$$

（五）对 GDP 指标的评析

各国（或地区）都把 GDP 作为核算国民经济活动的核心指标。

由于 GDP 内涵明确，核算方法科学，已成为国家（或地区）进行国别横向比较和同一国家（或地区）进行不同时期纵向比较的颇为有用的常用指标。

GDP 是研究一国（或地区）经济现实的历史发展的重要根据，也为制定国家和地区经济发展战略，分析宏观经济运行状况以及政府调控和管理经济提供重要参考。

GDP 指标的局限性主要是：

①GDP 及其他衡量经济总产出的指标不能反映经济中的收入分配状况。

②由于 GDP 只涉及与市场活动有关的那些产品和服务的价值，因此它忽略了家务劳动和地下经济因素。

③GDP 不能反映经济增长方式付出的代价。

④GDP 不能反映人们的生活质量。

实验 5.1

二、实验操作

【实验 5.1】GDP 的计算

实验目的：掌握使用生产法、支出法、收入法计算 GDP。

实验内容：

（一）使用生产法计算 GDP

可以根据三大产业的增加值求和，也可以根据《国民经济行业分类》（GB/T 4754—2017）20 大门类的增加值求和。计算方法是对各产业或行业的增加值求和。

本实验统计了 2014 ~ 2018 年根据三大产业的增加值求和计算 GDP 的数据，如表 5 - 1 所示。

表 5 - 1　根据三大产业的增加值求和计算 GDP 的数据　单位：亿元

指标	2014 年	2015 年	2016 年	2017 年	2018 年
GDP	641280.6	685992.9	740060.8	820754.3	919281
第一产业增加值	55626.3	57774.6	60139.2	62099.5	64745

续表

指标	2014 年	2015 年	2016 年	2017 年	2018 年
第二产业增加值	277571. 8	282040. 3	296547. 7	332742. 7	364835
第三产业增加值	308082. 5	346178	383373. 9	425912. 1	489701

资料来源：2014 ~2018 年的《中国统计年鉴》。

本实验还统计了 2013 ~2017 年根据国民经济行业分类中各门类增加值求和计算 GDP 的数据，如表 5 –2 所示。

表 5 –2　根据国民经济行业分类中各门类增加值求和计算 GDP 的数据

单位：亿元

指标（行业增加值）	门类代码	2013 年	2014 年	2015 年	2016 年	2017 年
GDP		592963. 2	641280. 6	685992. 9	740060. 8	820754. 3
农、林、牧、渔业	A	54692. 4	57472. 2	59852. 6	62451	64660
采矿业	B	25467. 6	23417. 1	19104. 5	18260. 4	21025. 5
制造业	C	181867. 8	195620. 3	202420. 1	214289. 3	240505. 4
电力、热力、燃气及水生产和供应业	D	15002. 2	14819	14981. 7	15328	16797. 2
建筑业	E	40896. 8	44880. 5	46626. 7	49702. 9	55313. 8
批发和零售业	F	56284. 1	62423. 5	66186. 7	71290. 7	77658. 2
交通运输、仓储和邮政业	G	26042. 7	28500. 9	30487. 8	33058. 8	37172. 6
住宿和餐饮业	H	10228. 3	11158. 5	12153. 7	13358. 1	14690
信息传输、软件和信息技术服务业	I	13729. 7	15939. 6	18546. 1	21899. 1	26400. 6
金融业	J	41191	46665. 2	57872. 6	61121. 7	65395
房地产业	K	35987. 6	38000. 8	41701	48190. 9	53965. 2
租赁和商务服务业	L	13335	15276. 2	17111. 5	19483. 3	21887. 8
科学研究和技术服务业	M	11010. 2	12250. 7	13479. 6	14590. 7	16198. 5
水利、环境和公共设施管理业	N	3056. 3	3472. 7	3851. 9	4253. 8	4762. 8
居民服务、修理和其他服务业	O	8625. 13	9706. 3	10854. 5	12792. 7	14704. 4

续表

指标（行业增加值）	门类代码	2013 年	2014 年	2015 年	2016 年	2017 年
教育	P	18951.4	21159.9	24253.1	26770.4	29918.3
卫生和社会工作	Q	11034.4	12734	14955.1	17092	19027.3
文化、体育和娱乐业	R	3867.7	4274.5	4931.2	5483.7	6647.8
公共管理、社会保障和社会组织	S	21693.04	23508.7	26622.6	30643.1	34023.6

资料来源：2013～2017 年的《中国统计年鉴》和《中国国内生产总值核算历史资料》。

（二）使用支出法计算 GDP

使用支出法计算 GDP 包括最终消费、资本形成总额、货物和服务净出口三项，其中最终消费又包括居民消费和政府消费，资本形成总额又包括固定资本形成总额和存货增加。

本实验统计了 2014～2018 年使用支出法计算 GDP 的数据，如表 5－3 所示。

表 5－3　使用支出法计算 GDP 的数据　　单位：亿元

指标	2014 年	2015 年	2016 年	2017 年	2018 年
支出法 GDP	647181.68	699109.44	745632.40	815260.30	884426.00
最终消费	328312.61	362266.51	399910.10	437151.50	480340.60
居民消费	242539.73	265980.10	293443.10	317963.50	348209.64
政府消费	85772.89	96286.42	106467.00	119188.00	132131.00
资本形成总额	302717.50	312835.72	329137.60	363954.80	396644.80
固定资本形成总额	290053.08	301503.00	318083.70	349368.80	380771.75
存货增加	12664.41	11332.72	11053.90	14586.00	15873.10
货物和服务净出口	16151.57	24007.21	16584.70	14154.00	7440.49

资料来源：2014～2018 年的《中国统计年鉴》。

（三）使用收入法计算 GDP

使用收入法计算 GDP 包括劳动者报酬、生产税净额、营业盈余、固定资产折旧四项。

本实验统计了 2014～2017 年使用收入法计算 GDP 的数据，如表 5－4 所示。

表 5-4　　使用收入法计算 GDP 的数据　　单位：亿元

指标	2014 年	2015 年	2016 年	2017 年
收入法 GDP	684349.41	722767.87	780069.97	847140.10
劳动者报酬	318258.10	346159.45	370224.33	402438.86
生产税净额	107007.87	107444.10	110762.46	120216.67
营业盈余	170859.55	173983.72	192081.98	209588.74
固定资产折旧	88223.90	95180.59	107001.19	114895.84

资料来源：2014～2017 年的《中国统计年鉴》。

三、巩固练习

参考答案

（一）单项选择题

1. 下列选项中，应该计入 GDP 的是（　　）。
   A. 家务劳动　　B. 政府提供的服务
   C. 政府转移支付　　D. 地下经济
2. 在 GDP 核算中，下列项目可能出现负值的是（　　）。
   A. 总投资　　B. 重置投资
   C. 净投资　　D. 企业固定投资
3. 在 GDP 核算中，不能列入政府购买的项目是（　　）。
   A. 公务员的工资
   B. 政府购买了一批军火
   C. 政府投资新建了一座桥梁
   D. 残疾人领取的救济金
4. 下列选项中，不属于收入法核算 GDP 的是（　　）。
   A. 投资　　B. 利润
   C. 工资　　D. 利息
5. 如果一国的国内生产总值大于国民生产总值，则国外净要素收入（　　）。
   A. 大于 0　　B. 小于 0
   C. 等于 0　　D. 不能确定

（二）计算题

假设某一经济体统计数据，如表 5-5 所示。

表 5-5　　某一经济体统计数据　　单位：亿元

项目	金额
消费	300
投资	200
政府购买	180
出口	110
进口	90
工资	180
利息	90
租金	160
利润	110
政府转移支付	80
间接税	90
企业转移支付	70
所得税	150

（1）按支出法计算 GDP。

（2）按收入法计算 GDP。

（3）计算政府预算赤字。

（4）计算净出口。

第二节　价格水平的衡量

价格水平的衡量

一、理论概述

价格水平是指经济中特定范围内的产品和服务价格的总体水平，它是衡量货币购买力和货币所能购买的产品和服务数量的指标。在宏观经济学中，通常用英文字母 P 表示价格水平或价格指数。

（一）GDP 平减指数

GDP 是经济中产品和服务总产出的市场价值。由于 GDP 是用货币单位来计量的，所以引起一国 GDP 变动的主要因素包括所生产的产品和服务的数量的变动和其价格的变动，或二者同时变动。

我们选择某一年的价格水平作为标准，各年的 GDP 都按照这一价格水平来计算。这个特定的年份就是基期，这一年的价格水平就是所谓的不变价格。

用当年价格计算的 GDP 被称为名义 GDP，即用生产产品和服务的当年价格计算的全部最终产品和服务的市场价值。用不变价格计算的 GDP 被称为实际 GDP，即以基期价格核算出的某年所生产的全部最终产品和服务的市场价值。

实际 GDP 去除了因价格的变动引起 GDP 变动的影响因素，可以用于比较不同时期所生产的最终产品和服务数量的变动。

GDP 平减指数也被称为 GDP 折算指数，是名义 GDP 与实际 GDP 之间的比率。其计算公式如下：

$$t\text{ 期 GDP 平减指数}=\frac{t\text{ 期名义 GDP}}{t\text{ 期实际 GDP}}\times 100 \tag{5.14}$$

式（5.14）中，GDP 平减指数反映了经济中物价总水平发生的变动，衡量了 t 期的价格水平相对于基期价格水平的变动。如果知道了 GDP 平减指数，可以将名义 GDP 折算为实际 GDP。

（二）消费者价格指数（CPI）

消费者价格指数（CPI）是衡量普通消费者购买一组固定的产品和服务所支付平均价格的指标，反映了居民家庭购买消费产品和服务的价格水平的变动情况。

CPI 衡量的是居民购买一篮子产品和服务，将其现期价格和基期价格进行比较，反映价格水平的变动情况。

编制 CPI 通常包括三个步骤。第一步，选定消费者购买的一篮子产品和服务。这一篮子产品和服务的清单是由统计部门根据对典型的城镇居民的消费支出，有选择地选取固定的一篮子产品和服务的种类，并给不同种类分配相应的权重。第二步，进行月度价格调查，搜集、整理相关产品和服务的价格数据。第三步，计算 CPI。计算 CPI 的公式如下：

$$\text{CPI}=\frac{\text{按当期价格计算的一篮子产品和服务的价值}}{\text{按基期价格计算的一篮子产品和服务的价值}}\times 100 \tag{5.15}$$

GDP 平减指数和 CPI 都提供了衡量价格水平变动的信息，但它们之间有三点不同：

第一，GDP 平减指数是以经济中所有产品和服务为基础计算的，CPI 是以消费者购买的一组固定的产品和服务为基础计算的。因此，企业或政府购买的产品和服务价格变动反映在 GDP 平减指数中，但不反映在 CPI 中。

第二，GDP 平减指数仅包括本国生产的产品和服务，而 CPI 包括进口商品的价格。所以，进口商品价格的变动不影响本国的 GDP 平减指数，但影响 CPI。

第三，GDP 平减指数所涉及的商品篮子内容每年都不同，而 CPI 衡量是在一定时期内固定的一篮子产品和服务的价格水平变动情况。如果考虑到商品之间的替代作用，消费者会用价格相对较低的商品代替价格相对较高的商品，CPI 倾向于高估生活成本的上升，而 GDP 平减指数倾向于低估价格变化对消费者带来的影响。

（三）生产者价格指数（PPI）

生产者价格指数（PPI）是衡量企业购买的一篮子物品和服务的费用。生产者价格指数用来衡量生产者在生产过程中所需采购物品的价格水平变动状况，包括原材料、中间产品和最终产品在内的三个阶段的物价信息。PPI 衡量的一篮子产品中包括原材料和中间产品，而 CPI 衡量的一篮子产品中仅包括最终产品。此外，PPI 衡量的是销售过程中开始阶段的价格水平，而 CPI 衡量的是零售阶段居民实际支付的价格水平。

由于企业最终要把他们的费用以更高消费价格的形式转移给消费者，生产中所面临的物价波动将会反映到最终产品的价格上，通常认为生产者价格指数的变动，在预测消费价格指数的变动上是有用的。

（四）通货膨胀率

通货膨胀率是从一个时期到另一个时期价格水平变动的百分比。在实际中，一般通过价格指数的增长率来表示通货膨胀率，价格指数可以采用消费者价格指数（CPI）、生产者价格指数（PPI）、GDP 平减指数。如果以 P_t 表示 t 期的价格水平，P_{t-1} 表示（t－1）期的价格水平，π_t 表示 t 期的通货膨胀率，则通货膨胀率可用公式表示为：

$$\pi_t = \frac{P_t - P_{t-1}}{P_{t-1}} \times 100\% \tag{5.16}$$

实验 5.2

二、实验操作

【实验 5.2】衡量价格水平指标的计算

实验目的：掌握名义 GDP、实际 GDP、GDP 平减指数的计算。

实验内容：

假设一个经济体的最终产品由以下产品代表，其在 2017 年和 2018 年的数量和价格如表 5－6 所示。

表 5－6　　名义 GDP、实际 GDP、GDP 平减指数的计算

产品名称	2017 年		2018 年	
	数量（公斤）	价格（元/公斤）	数量（公斤）	价格（元/公斤）
香蕉	3000	6	3500	7
苹果	5000	8	5200	9

（1）选 2017 年为基期，基期的名义 GDP 和实际 GDP 相同，计算过程和结果如下：

$$2017\text{ 年的名义 GDP} = \sum_{i=1}^{n} P_{2017}^{i}Q_{2017}^{i} = 6\times3000 + 8\times5000 = 58000\text{（元）}$$

$$2017\text{ 年的实际 GDP} = \sum_{i=1}^{n} P_{2017}^{i}Q_{2017}^{i} = 6\times3000 + 8\times5000 = 58000\text{（元）}$$

（2）2018 年的名义 GDP 和实际 GDP 的计算过程和结果如下：

$$2018\text{ 年的名义 GDP} = \sum_{i=1}^{n} P_{2018}^{i}Q_{2018}^{i} = 7\times3500 + 9\times5200 = 71300\text{（元）}$$

$$2018\text{ 年的实际 GDP} = \sum_{i=1}^{n} P_{2017}^{i}Q_{2018}^{i} = 6\times3500 + 8\times5200 = 62600\text{（元）}$$

（3）2018 年的 GDP 平减指数计算过程和结果如下：

$$2018\text{ 的 GDP 平减指数} = \frac{2018\text{ 年的名义 GDP}}{2018\text{ 年的实际 GDP}}\times100 = 71300/62600\times100\approx114$$

三、巩固练习

参考答案

1. GDP 平减指数是（　　）。
   A. 名义 GDP 和实际 GDP 的比率
   B. 实际 GDP 和名义 GDP 的比率

C. 名义 GDP 和潜在 GDP 的比率

D. 潜在 GDP 和实际 GDP 的比率

2. 若一个经济体某年的实际 GDP 为 15000 元，GDP 平减指数为 120，则名义 GDP 为（　　）元。

A. 12500　　B. 15000　　C. 18000　　D. 12000

3. 如果 2019 年的名义 GDP 大于 2018 年的名义 GDP，则生产的产品和服务的数量变动趋势是（　　）。

A. 增加　　B. 减少　　C. 不变　　D. 不确定

4. 下列对消费价格指数（CPI）的认识正确的是（　　）。

A. CPI 是以消费者购买的一组固定的产品和服务为基础计算的

B. CPI 是以经济中所有产品和服务为基础计算的

C. CPI 反映了企业或政府购买的产品和服务的价格变动情况

D. CPI 倾向于低估生活成本的上升

5. 衡量生产者在生产过程中所需采购物品价格水平变动状况的指标是（　　）。

A. GDP 平减指数　　B. CPI

C. PPI　　D. 通货膨胀率

第六章

简单国民收入决定理论

第一节 收入—支出模型

收入—支出模型

一、理论概述

收入—支出模型是进行总支出分析的模型。通过考察总支出及其变动，探讨总支出对收入或产出水平的决定作用，进而解释经济波动的原因。

收入—支出模型的基本假设是：①价格水平不变。支出的变动只会引起产出的变动，不会引起价格的升降；②只考虑产品市场，不考虑货币市场的利率和劳动市场的工资的影响；③经济中资源没有得到充分利用。经济中存在闲置的生产能力，总供给可以适应总支出的变动而变动，国民收入决定于总支出。

（一）计划支出

均衡国民收入是指总收入和总支出相一致时的总产出。从事前的角度（即一定时期的经济活动尚未开始时）看，总收入和计划达到的、想要达到的总支出相一致的国民收入。从事后角度（即一定时期经济活动的结果）看，国民收入核算账户所计算的就是总收入和实际的总支出相一致的国民收入。

我们首先区分实际支出和计划支出。实际支出（AE）是家庭、企业和政府等部门实际花在产品和劳务上的数额。计划支出（PE）是家庭、企业和政府等部门愿意花在产品和劳务上的数额。存货投资分为计划存货投资和非计划存货投资。非计划存货投资（IU）也被称为非意愿存货，是指由于没有销售而被迫持有的产品存货。导致计划支出和实际支出不一致的原因是非计划存货投资的存在。如果非计划存货投资为0，则实际支出和计划支出相等；如果非计划存货投资不为0，则实际支出和计划支出就不相等。

1. 代数法——计划支出函数

计划支出函数中的计划支出PE由消费（C）、投资（I）、政府购买（G）和净出口（NX）四个部分组成，即：

$$PE = C + I + G + NX \tag{6.1}$$

在短期中，影响国民收入的决定因素主要有：消费需求、投资需求、政府需求和国外需求等，本节先简单略述一下，在下一节将详细介绍。

（1）消费（C）。

影响消费的决定性因素是可支配收入。可支配收入（Y_D）是指家庭在得到政府的转移支付（TR）和向政府缴税（T）之后可用于消费和储蓄的净收入。它是总收入加上政府转移支付再减去税收后的收入，即：

$$Y_D = Y + TR - T \tag{6.2}$$

在短期内，消费与可支配收入之间存在正相关的关系，即：

$$\begin{aligned} C &= \alpha + \beta Y_D \\ &= \alpha + \beta(Y + TR - T) \end{aligned} \tag{6.3}$$

为简化分析，把政府转移支付（TR）和税收（T）设为外生变量，即：

$$TR = TR_0 \tag{6.4}$$

$$T = T_0 \tag{6.5}$$

消费函数可表示为：

$$\begin{aligned} C &= \alpha + \beta(Y + TR_0 - T_0) \\ &= \alpha + \beta TR_0 - \beta T_0 + \beta Y \end{aligned} \tag{6.6}$$

（2）投资（I）。

收入—支出模型只考虑产品市场，将投资假定为一个外生变量，即：

$$I = I_0 \tag{6.7}$$

（3）政府购买（G）。

假定政府购买是一个不受其他因素影响的外生变量，即：

$$G = G_0 \tag{6.8}$$

（4）净出口（NX）。

为简化分析，先略去国外部门，假定净出口为零，即：

$$NX = 0 \tag{6.9}$$

综合前面分析，可以把计划支出函数写为：

$$\begin{aligned} PE &= C + I + G + NX \\ &= (\alpha + \beta TR_0 - \beta T_0 + \beta Y) + I_0 + G_0 + 0 \\ &= (\alpha + \beta TR_0 - \beta T_0 + I_0 + G_0) + \beta Y \\ &= A_0 + \beta Y \end{aligned} \tag{6.10}$$

式（6.10）中，将（$\alpha + \beta TR_0 - \beta T_0 + I_0 + G_0$）记为 A_0，A_0 为自发总支出，即与收入水平无关的总支出。βY 为引致总支出，即取决于收入水平的支出，它随收入水平的变动而变动。

2. 几何法——计划支出线

根据计划支出函数可以绘制出计划支出线。以横轴表示收入（或产出）水平，纵轴表示计划支出。计划支出线是一条向右上方倾斜的直线，其在纵轴的截距为自发总支出 A_0，斜率为边际消费倾向 β。

（二）均衡收入

均衡收入是与计划支出相等的收入。因此，当下式成立时，经济处于均衡收入水平状态：

$$Y = PE \tag{6.11}$$

1. 几何法——凯恩斯主义交叉图

图 6－1 为凯恩斯主义交叉图。横轴表示收入（或产出）水平，纵轴表示计划支出。从原点出发的 45°线上的任意一点到两轴的距离都相等，在这条线上收入（或产出）和计划支出相等。计划支出线和 45°线的交点是均衡点，在该点上，收入（或产出）水平正好等于计划支出的数量，该点对应的收入（或产出）水平 Y_0 就是均衡收入（或均衡产出）。

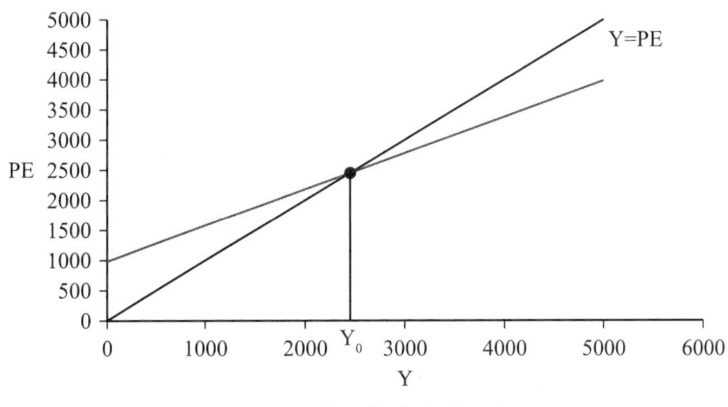

图 6－1　凯恩斯主义交叉图

在均衡收入决定过程中，存货调整机制起着重要作用。非计划存货投资是超出企业存货意愿的存货投资，图中两线之间的距离表示非计划存货投资，可以用下式表示为：

$$IU = Y - PE \tag{6.12}$$

式（6.12）中，IU 为非计划存货投资，它可以为正，也可以为负。非计划存货投资的变动会改变产出水平。如果企业的产出水平超过 Y_0，产出大于支出，企业就无法销售出他们的全部产出，非计划存货投资大于零。这表明企业生产的产品超过了市场的需求，企业就会减少产出，直到产出和支出相等为止。相反，如果企业的产出水平小于 Y_0，产出小于支出，企业将售出全部产品或减少计划存货投资，非计划存货投资小于零，这表明企业生产的产品不能满足市场的需求，企业就会增加产出，直到产出和支出相等为止。只有当企业的非计划存货投资等于零时，即实际投资等于计划投资时，产出才会处于一个稳定的均衡水平。可见，以非计划存货投资变动为基础的存货调整机制使得产出保持在均衡水平上。

2. 代数法——均衡收入决定模型

均衡收入决定模型用公式表示如下：

$$Y = PE$$

$$PE = (\alpha + \beta TR_0 - \beta T_0 + I_0 + G_0) + \beta Y = A_0 + \beta Y$$

整理，得：

$$Y = PE = (\alpha + \beta TR_0 - \beta T_0 + I_0 + G_0) + \beta Y = A_0 + \beta Y$$

解得均衡收入（Y_0）为：

$$Y_0 = \frac{\alpha + \beta TR_0 - \beta T_0 + I_0 + G_0}{1 - \beta} = \frac{1}{1 - \beta} \cdot A_0 \tag{6.13}$$

（三）均衡收入的变动

由以上模型可知，决定均衡国民收入的因素包括自发总支出（A_0）和边际消费倾向（β），下面分别对其进行分析。

1. 自发总支出（A_0）变动对均衡国民收入的影响

自发总支出（A_0）包括自发消费（α）、转移支付（TR_0）、税收（T_0）、自发投资（I_0）、政府购买（G_0），当这些因素发生变动时，均衡国民收入也会发生变动。自发总支出增加，则均衡国民收入将会增加；反之，自发总支出减少，则均衡国民收入将会减少。例如：政府购买增加将导致自发总支出增加，进而将使均衡国民收入增加。

2. 边际消费倾向（β）变动对均衡国民收入的影响

边际消费倾向与均衡国民收入之间存在同方向变动的关系。边际消费倾向提高，均衡国民收入增加；反之，边际消费倾向降低，均衡国民收入减少。

上面仅是进行了定性分析，后面还要使用乘数进行定量分析。

（四）均衡收入的另一个条件：I = S

均衡国民收入或均衡产出的条件是 Y = PE。假定 NX = 0，三部门经济的产品市场均衡时，如下等式成立：

$$Y = C + I + G$$

将 C 和 G 两项移到等式左边，整理得：

$$Y - C - G = I$$

$$Y - T - C + T - G = I$$

$$(Y - T - C) + (T - G) = I \qquad (6.14)$$

式（6.14）中，（Y－T－C）为私人储蓄（记为 S），（T－G）为政府储蓄，I 为计划投资。假定政府坚守预算平衡，则 T = G，即（T－G）=0，政府储蓄等于零。均衡国民收入或均衡产出的条件可写为：I = S。

此处的投资等于储蓄，是指产品市场要达到均衡，计划投资必须等于计划储蓄，这是产品市场均衡的条件。而国民收入核算中的 I = S 是指事后的状态，I 是指实际已经发生了的投资（包括计划存货投资和非计划存货投资），此时计划投资不一定等于计划储蓄，国民收入核算中所指的是实际投资等于实际储蓄。

二、实验操作

实验 6.1

【实验 6.1】收入—支出模型实验

实验目的：掌握计划支出、均衡收入及其变动的分析。

实验内容：

（一）计划支出的分析

假设一个封闭的经济体，计划支出由消费支出、投资支出和政府购买支出组成。计划支出函数为：

$$PE = (\alpha + \beta TR_0 - \beta T_0 + I_0 + G_0) + \beta Y = A_0 + \beta Y$$

计划支出线如图 6－2 所示。

通过调节自发总支出（A_0）可以使计划支出线平行移动；通过调节边际消费倾向（β）可以使计划支出线旋转。操作界面调节按钮如图 6－3 所示。

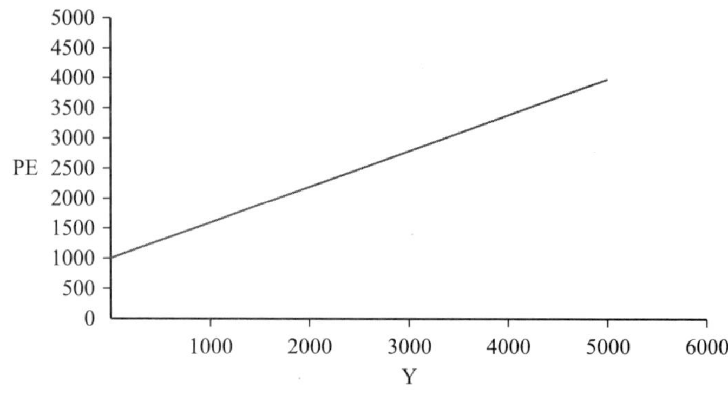

图 6-2 根据计划支出函数生成的计划支出线

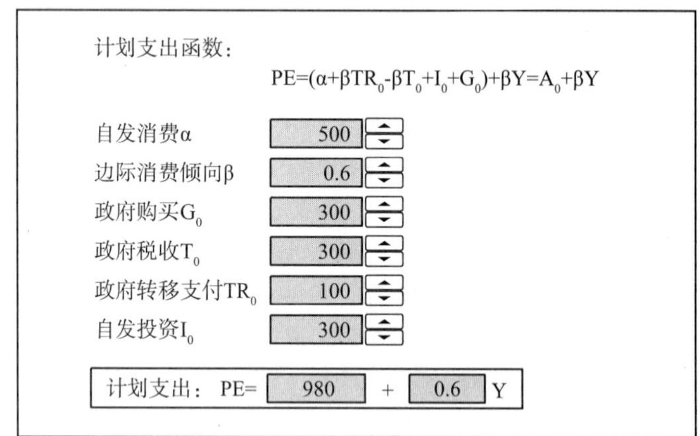

图 6-3 操作界面调节按钮

计划支出函数中，各参数的取值范围、步长和默认值如表 6-1 所示。

表 6-1 计划支出函数各参数取值范围、步长和默认值

参数	取值范围	步长	默认值
自发消费 α	[200，1000]	10	500
边际消费倾向 β	[0.4，0.9]	0.1	0.6
政府购买 G_0	[50，500]	50	300
政府税收 T_0	[50，500]	50	300
政府转移支付 TR_0	[50，500]	50	100
自发投资 I_0	[50，500]	50	300

（二）均衡收入及其变动的分析

使用凯恩斯主义交叉图或均衡收入决定模型，得出均衡收入。显示界面如图 6－4 所示。

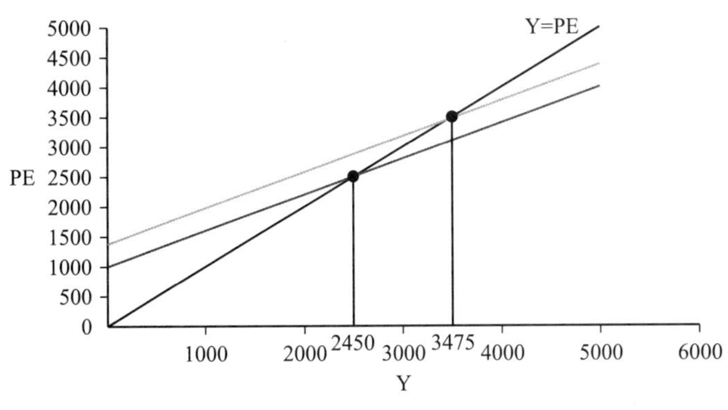

图 6－4　均衡收入决定模型

通过调节自发消费 α、政府购买 G_0、政府税收 T_0、政府转移支付 TR_0、自发投资 I_0 和边际消费倾向 β，研究它们的变动对均衡收入的影响。操作界面调节按钮如图 6－3 所示。

参考答案

三、巩固练习

（一）单项选择题

1. 收入—支出模型研究的是（　　）的均衡问题。
   A. 产品市场　　B. 货币市场
   C. 劳动市场　　D. 国外市场
2. 收入—支出模型是进行（　　）的模型。
   A. 总供给分析　　B. 总需求分析
   C. 总收入分析　　D. 总产出分析
3. 在凯恩斯主义交叉图的均衡国民收入模型中，均衡的形成是由（　　）进行调节的。
   A. 消费和投资　　B. 计划支出
   C. 政府购买　　D. 非计划存货投资
4. 下面使均衡国民收入减少的因素是（　　）。
   A. 自发消费增加　　B. 政府购买增加
   C. 税收增加　　D. 政府转移支付增加

5. 在两部门经济中，产品市场的均衡条件是（　　）。
   A. 实际储蓄等于实际投资　　B. 存量等于流量
   C. 计划储蓄等于计划投资　　D. 政府购买等于税收

（二）计算题

假设某经济体的消费函数为 $C=200+0.8Y$，投资为50。

（1）计算均衡收入；

（2）投资增加至100时，国民收入增加多少？

第二节　短期国民收入的决定因素

短期国民收入的决定因素

一、理论概述

短期国民收入水平主要决定于总需求水平。因为均衡产出是与总需求相一致的产出，所以，分析均衡产出的决定就是分析总需求各个组成部分的情况，分析其规模大小和决定因素。由于总需求由消费需求、投资需求、政府需求和国外需求组成，所以这四部分成为短期国民收入的决定因素。

（一）消费需求

1. 消费函数和消费倾向

（1）凯恩斯绝对收入假说。

1936年，凯恩斯出版著作《就业、利息和货币通论》，阐述了其消费理论。该理论在凯恩斯的经济波动理论中具有核心地位。凯恩斯指出，收入的绝对水平决定了居民消费。由于凯恩斯消费函数的重要特征是居民当前消费依赖于当前的绝对收入，因此，凯恩斯的消费理论被称为绝对收入假说。

凯恩斯认为，在收入和消费的关系方面，存在着一条基本的心理规律，即当人们收入水平较高时，他们的消费量也较大；反之，亦反之。

①代数法——消费函数。把消费和可支配收入的函数关系可用公式表示为：

$$C=C(Y) \tag{6.15}$$

如果消费和可支配收入之间存在线性关系，则消费函数可表示为：

$$C = \alpha + \beta Y \tag{6.16}$$

式（6.16）中，α 为必不可少的自发消费部分，即使收入为 0 时，消费者举债或使用其原先的储蓄也必须有的基本生活消费；β 为边际消费倾向；Y 表示可支配收入；βY 表示收入引起的消费，即引致消费。

②几何法——消费函数曲线。当消费和收入之间呈线性关系时，消费函数曲线就是一条截距为 α，斜率为 β 的向右上倾斜的直线。

（2）平均消费倾向。

①代数法。平均消费倾向（APC）是指任意一个收入水平上的消费支出在收入中所占的比率，即消费支出与可支配收入之比，可用公式表示为：

$$APC = \frac{C}{Y} \tag{6.17}$$

对于消费函数 $C = \alpha + \beta Y$ 来说，其平均消费倾向可表示为：

$$APC = \frac{C}{Y} = \frac{\alpha + \beta Y}{Y} = \frac{\alpha}{Y} + \beta \tag{6.18}$$

②几何法。平均消费倾向的几何意义为消费曲线上任意一点的平均消费倾向就是该点与原点连线的斜率。

（3）边际消费倾向。

①代数法。边际消费倾向（MPC）是指每增加 1 单位可支配收入用于消费部分所占的比率，即增加的消费额和增加的可支配收入额之比，可用公式表示为：

$$MPC = \frac{\Delta C}{\Delta Y} \tag{6.19}$$

或

$$MPC = \frac{dC}{dY} \tag{6.20}$$

对于消费函数 $C = \alpha + \beta Y$ 来说，其边际消费倾向可表示为：

$$MPC = \frac{dC}{dY} = \beta \tag{6.21}$$

②几何法。边际消费倾向的几何意义为消费曲线上任意一点的边际消费倾向就是该点切线的斜率。

（4）凯恩斯消费函数的三个性质。

①居民消费由当期可支配收入决定，利率对于当期消费没有重要作用。凯恩斯认为，在短期内，利率对居民消费支出的影响不重要，因而没有将利率这一变量纳入其消费函数中。古典经济学家则认为，

利率是影响消费的重要变量，较高的利率会鼓励居民储蓄，从而抑制消费。

②边际消费倾向总是大于0小于1。凯恩斯根据自己的观察提出了关于居民边际消费倾向的猜测：当收入增加时，人们会增加自己的消费支出，但消费支出增加量小于收入增加量，即边际消费倾向总是大于0小于1。对于非线性消费函数，其边际消费倾向有递减趋势，对于线性消费函数 $C = \alpha + \beta Y$，其边际消费倾向固定不变，为常数 β。

③平均消费倾向大于边际消费倾向，平均消费倾向随着收入的增加而下降。平均消费倾向也有递减趋势，但平均消费倾向始终大于边际消费倾向，对于线性消费函数，$APC = \alpha/Y + \beta$，$MPC = \beta$，由于 α 和 Y 都是正数，所以 APC > MPC。随着收入增加，α/Y 越来越小，APC 逐渐趋近于 MPC。

2. 储蓄函数和储蓄倾向

（1）储蓄函数。

①代数法。储蓄是可支配收入中未被消费的部分。储蓄的大小不仅反映消费的大小，也可以在一定情况下影响消费。把储蓄和可支配收入的函数关系可用公式表示为：

$$S = S(Y) \tag{6.22}$$

如果储蓄和可支配收入之间存在线性关系，消费和储蓄之和等于可支配收入，即 $S = Y - C$，则储蓄函数可表示为：

$$S = Y - C = Y - (\alpha + \beta Y) = -\alpha + (1 - \beta)Y \tag{6.23}$$

式（6.23）中，$-\alpha$ 为必不可少的自发储蓄部分；$1 - \beta$ 为边际储蓄倾向；Y 表示可支配收入；$(1 - \beta)Y$ 表示收入引起的储蓄，即引致储蓄。

②几何法。

当储蓄和收入之间呈线性关系时，储蓄函数就是一条截距为 $-\alpha$、斜率为（$1 - \beta$）向右上倾斜的直线。

（2）平均储蓄倾向。

①代数法。

平均储蓄倾向（APS）是指任意一个收入水平上的储蓄在收入中所占的比率，即储蓄与可支配收入之比，可用公式表示为：

$$APS = \frac{S}{Y} \tag{6.24}$$

对于储蓄函数 $Y = -\alpha + (1 - \beta)Y$ 来说，其平均储蓄倾向可表示为：

$$APS = \frac{S}{Y} = \frac{-\alpha + (1 - \beta)Y}{Y} = \frac{-\alpha}{Y} + (1 - \beta) \tag{6.25}$$

②几何法。

平均储蓄倾向的几何意义为储蓄曲线上任意一点的平均储蓄倾向就是该点与原点连线的斜率。

（3）边际储蓄倾向。

①代数法。边际储蓄倾向（MPS）是指每增加1单位可以支配收入用于储蓄所占的比率，即增加的储蓄额和增加的可支配收入额之比，可用公式表示为：

$$MPS = \frac{\Delta S}{\Delta Y} \tag{6.26}$$

或

$$MPS = \frac{dS}{dY} \tag{6.27}$$

对于储蓄函数 $Y = -\alpha + (1-\beta)Y$ 来说，其边际储蓄倾向可表示为：

$$MPS = \frac{dS}{dY} = 1 - \beta \tag{6.28}$$

②几何法。边际储蓄倾向的几何意义为储蓄曲线上任意一点的边际储蓄倾向就是该点切线的斜率。

（4）消费函数和储蓄函数的关系。

消费函数和储蓄函数的关系表现为：

①消费函数和储蓄函数互补，消费和储蓄之和等于可支配收入。

②APC 和 MPC 都随收入增加而递减，但 APC > MPC；APS 和 MPS 都随收入增加而递增，但 APS < MPS。

③APC 和 APS 之和恒等于1，MPC 和 MPS 之和也恒等于1。

（二）投资需求

凯恩斯认为，企业是否要对新的实物资本（如机器、设备、厂房、仓库等）进行投资，既取决于这些新投资的预期利润率（资本边际效率），也取决于为购买这些资产所需借款的利率（假定是借款投资，使用自有资本时将利息视为其机会成本）。前者大于后者时，投资是有利的；前者小于后者时，投资就是不利的。所以，在决定投资的各种因素中，当预期利润率（资本边际效率）既定时，利率就是考虑的首要因素。利率分为名义利率和实际利率。名义利率用 i 表示，是借贷者按约定所支付的利率。实际利率用 r 表示，大致等于名义利率减去通货膨胀率。投资函数中的利率是指实际利率。

在投资的预期利润率既定时，企业是否进行投资，首先就取决于利率的高低。利率上升时，投资需求量就会减少；利率下降时，投资需求量就会增加。总之，投资是利率的减函数。投资与利率之间的这种关系被称为投资函数，可表示为：

$$I = I(r) \tag{6.29}$$

式（6.29）中，I 表示投资，r 表示利率。

如果投资和利率之间存在线性关系，则投资函数可表示为：

$$I = I_0 - dr \tag{6.30}$$

式（6.30）中，I_0 为自发投资，d 是投资的利率弹性，即投资对利率变动做出的反应程度，$-dr$ 是引致投资。

在本章中，只考虑产品市场，不考虑货币市场，假定利率是外生变量，则投资也是一个外生变量。

（三）政府需求

政府购买是政府对社会产品和服务的消费需求和投资需求，政府购买的大小直接影响到社会总需求的大小；税收的高低会影响企业和个人的可支配收入，从而影响社会的消费需求和投资需求；政府转移支付会转给个人或企业，也会影响他们的可支配收入，从而影响他们的消费需求和投资需求。在宏观经济模型中，政府购买、税收、政府转移支付都被看作外生变量。

（四）国外需求

国外需求影响总需求变动的是净出口，净出口的变动通过影响总需求，进而影响国民收入水平。净出口等于出口减去进口。假定出口为外生变量，即 $X = X_0$；假定进口函数可表示为：

$$M = M_0 + \gamma Y \tag{6.31}$$

式（6.31）中，γ 表示边际进口倾向。

在宏观经济模型中，经常假定经济体是封闭经济，不考虑国外需求，即 $NX = 0$。

实验 6.2

二、实验操作

【实验 6.2】消费函数实验

实验目的：掌握消费函数、平均消费倾向、边际消费倾向的定义公式和几何意义。

实验内容：

以消费函数 $C = 500 + 0.6Y_D$ 为例，画出消费函数曲线，如图 6－5 所示。

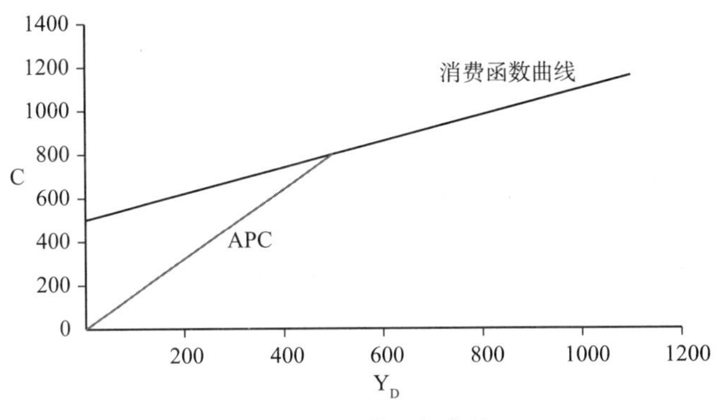

图 6－5　消费函数曲线

根据平均消费倾向的定义，消费曲线上某点与原点连线的斜率就是平均消费倾向，在图中画出该条线段；在线性消费函数中，边际消费倾向是一个常数，即消费函数曲线的斜率。

通过本实验研究线性消费函数的平均消费倾向、边际消费倾向及它们之间的关系。

三、巩固练习

参考答案

1. 在凯恩斯消费函数中，消费的主要影响因素是（　　）。

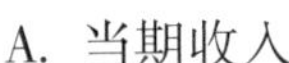

A. 当期收入　　B. 利率

C. 未来收入　　D. 持久性收入

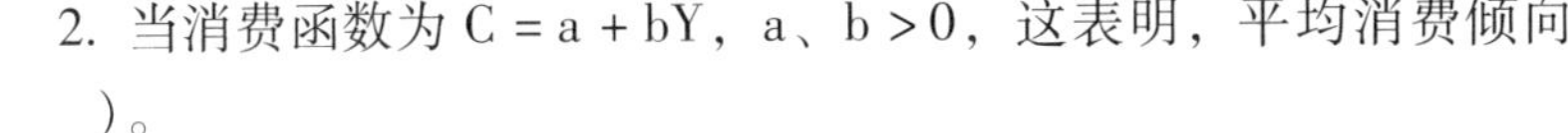

2. 当消费函数为 $C = a + bY$，a、$b > 0$，这表明，平均消费倾向（　　）。

A. 大于边际消费倾向

B. 小于边际消费倾向

C. 等于边际消费倾向

D. 等于一个常数

3. 若平均消费倾向为一常数，则消费函数曲线为（　　）。

A. 在纵轴上有一正截距的直线

B. 通过原点的一条直线

C. 一条相对于横轴上凸的曲线

D. 一条相对于横轴下凹的曲线

4. 在消费函数和储蓄函数的关系中，不正确的是（　　）。

A. $APC + APS = 1$　　B. $MPC + MPS = 1$

C. $C + S = 1$　　D. $C + S = Y$

5. 在四部门经济中，如果投资、储蓄、政府购买、税收、出口和进口都增加，则均衡收入（　　）。

A. 必然增加　　B. 不变

C. 必然减少　　D. 不能确定

第三节　乘数理论

乘数理论

一、理论概述

（一）乘数概述

总支出的变动会引起均衡国民收入的变动，乘数描述了总支出变动与均衡国民收入变动之间的倍数关系。

乘数又被称作倍数，是指自发总支出变动引起的均衡国民收入变动的倍数，或者说均衡国民收入变动量与引起这种变动的自发总支出变动量的比率，即：

$$k = \frac{\Delta Y}{\Delta A} \tag{6.32}$$

式（6.32）中，ΔA 表示自发总支出的变动量，ΔY 表示均衡国民收入的变动量，k 表示乘数。

假定自发总支出增加 ΔA，这种变动会引起产出增加，以满足需求，相应的产出增加 ΔA。产出增加带来收入相应增加，收入的增加又会使引致支出增加 $\beta \cdot \Delta A$，引致支出增加 $\beta \cdot \Delta A$ 导致总支出的再次增加，引起产出也再次增加 $\beta \cdot \Delta A$，以满足这一支出的增加。产出的再次增加又带来收入的相应增加，收入的增加又会使引致支出再次增加，增幅为边际消费倾向乘以收入的增加量，即 $\beta \cdot (\beta \cdot \Delta A) = \beta^2 \cdot \Delta A$，这种增加会一直继续下去。由自发总支出增加 ΔA 所引起的一轮轮的支出增加和产出增加，总和为：

$$\begin{aligned} \Delta Y &= \Delta PE = \Delta A + \beta\Delta A + \beta^2\Delta A + \beta^3\Delta A + \cdots \\ &= \Delta A(1 + \beta + \beta^2 + \beta^3 + \cdots) \end{aligned}$$

因为 $\beta < 1$，所以：

$$\Delta Y = \Delta PE = \frac{1}{1-\beta}\Delta A$$

$1/(1-\beta)$ 即为乘数或被称为倍数，将乘数记为 k，则：

$$k=\frac{1}{1-\beta} \tag{6.33}$$

两点说明。第一，乘数发挥作用是需要一定条件的，即经济中需要存在闲置资源。如果资源已经被充分利用，国民收入的增加将受到资源条件的约束，乘数的作用就受到限制。第二，乘数是一把双刃剑，自发总支出增加会使均衡国民收入增加，相反自发总支出减少会使均衡国民收入减少。乘数并不是越大越好。乘数越大，自发总支出的变动所引起的产出的波动就越大，经济就可能越不稳定。

（二）三部门经济中定量税下的乘数

假定经济体为三部门经济，即略去国外部门，令净出口为零。税收有定量税和比例税。定量税又被称为固定税、定额税或自发税收，其数量与国民收入无关，假定为外生变量，即 $T=T_0$；比例税与国民收入有关。在本部分中假定税收为定量税。

在三部门经济中总支出为：

$$Y=C+I+G=(\alpha+\beta TR_0-\beta T_0+I_0+G_0)+\beta Y=A_0+\beta Y$$

整理，得均衡国民收入为：

$$Y_0=\frac{\alpha+\beta TR_0-\beta T_0+I_0+G_0}{1-\beta}=\frac{1}{1-\beta}\cdot A_0 \tag{6.34}$$

自发总支出中的变动，如投资、政府购买、定量税收、政府转移支付的变动，都会引起均衡国民收入若干倍的变动。

1. 投资乘数

投资乘数，是指国民收入变动对引起这种变动的投资变动的比率。可用公式表示为：

$$k_I=\frac{\Delta Y}{\Delta I}=\frac{1}{1-\beta} \tag{6.35}$$

式（6.35）中，k_I 表示投资乘数，β 仍表示边际消费倾向。

在均衡国民收入决定模型中，如果其他条件不变，只有投资支出 I 发生变动，则投资支出从 I_0 变为 I_1 时的国民收入分别是：

$$Y_0=\frac{\alpha+\beta TR_0-\beta T_0+I_0+G_0}{1-\beta}$$

$$Y_1=\frac{\alpha+\beta TR_0-\beta T_0+I_1+G_0}{1-\beta}$$

$$Y_1-Y_0=\Delta Y=\frac{I_1-I_0}{1-\beta}=\frac{\Delta I}{1-\beta}$$

$$k_I = \frac{\Delta Y}{\Delta I} = \frac{1}{1-\beta}$$

2. 政府购买乘数

政府购买乘数，是指国民收入变动对引起这种变动的政府购买支出变动的比率。政府购买乘数和投资乘数是相等的。可用公式表示为：

$$k_G = \frac{\Delta Y}{\Delta G} = \frac{1}{1-\beta} \tag{6.36}$$

式（6.36）中，k_G 表示政府购买乘数，β 仍表示边际消费倾向。推导过程同投资乘数类似。

3. 税收乘数

税收乘数，是指国民收入的变动对引起这种变动的税收变动的比率。

在均衡国民收入决定模型中，如果其他条件不变，只有税收 T 发生变动，则税收从 T_0 变为 T_1 时的国民收入分别是：

$$Y_0 = \frac{\alpha + \beta TR_0 - \beta T_0 + I_0 + G_0}{1-\beta}$$

$$Y_1 = \frac{\alpha + \beta TR_0 - \beta T_1 + I_0 + G_0}{1-\beta}$$

$$Y_1 - Y_0 = \Delta Y = \frac{-\beta(T_1 - T_0)}{1-\beta} = \frac{-\beta\Delta T}{1-\beta}$$

$$k_T = \frac{\Delta Y}{\Delta T} = \frac{-\beta}{1-\beta} \tag{6.37}$$

式（6.37）中，k_T 为税收乘数。税收乘数为负值，表示国民收入会随着税收增加而减少，随着税收减少而增加。因为税收增加时，人们的可支配收入减少，从而使消费相应减少，于是，税收变动和总支出变动方向是相反的。

4. 政府转移支付乘数

政府转移支付乘数，是指国民收入的变动对引起这种变动的政府转移支付变动的比率。

在均衡国民收入决定模型中，如果其他条件不变，只有政府转移支付 TR 发生变动，则税收从 TR_0 变为 TR_1 时的国民收入分别是：

$$Y_0 = \frac{\alpha + \beta TR_0 - \beta T_0 + I_0 + G_0}{1-\beta}$$

$$Y_1 = \frac{\alpha + \beta TR_1 - \beta T_0 + I_0 + G_0}{1-\beta}$$

$$Y_1 - Y_0 = \Delta Y = \frac{\beta(TR_1 - TR_0)}{1-\beta} = \frac{\beta \Delta TR}{1-\beta}$$

$$k_{TR} = \frac{\Delta Y}{\Delta TR} = \frac{\beta}{1-\beta} \tag{6.38}$$

式（6.38）中，k_{TR}为政府转移支付乘数。政府转移支付乘数为正值，表示国民收入会随着政府转移支付增加而增加，随着政府转移支付减少而减少。

边际消费倾向 β 的大小既定时，政府购买乘数大于税收乘数和政府转移支付乘数，即 $k_G > k_T$，$k_G > k_{TR}$。因为政府购买增加 1 元时，一开始就会使总支出（即总需求）增加 1 元。但是，减税 1 元却只能使居民的可支配收入增加 1 元，这 1 元中只有一部分 β 元用于增加消费，另一部分（1 − β）元增加了储蓄。所以，减税 1 元只使总需求增加 β 元，由于总产出（或者说总收入）由总支出（即总需求）决定，因而，减税 1 元对国民收入变化的影响没有增加政府购买支出 1 元对国民收入变化的影响大。

由于政府购买乘数大于税收乘数以及政府转移支付乘数，所以，西方学者认为，改变政府购买水平对宏观经济活动的效果要大于改变税收和转移支付的效果，改变政府购买水平是财政政策中最有效的手段。

5. 政府平衡预算乘数

政府平衡预算乘数是指政府购买和自发税收以相等的数量增加或减少时，均衡国民收入的变动与引起这种变动的政府购买（或自发税收）变动的比率。即：

$$k_B = \frac{\Delta Y}{\Delta G} = \frac{\Delta Y}{\Delta T} \tag{6.39}$$

式（6.39）中，k_B 表示政府平衡预算乘数。如果政府购买与自发税收的变动相同（$\Delta G = \Delta T$），保持原来的预算盈余或预算赤字不变（假定政府转移支付不变）。

$$\Delta Y = k_G \Delta G + k_T \Delta T = \frac{\Delta G - \beta \Delta T}{1-\beta}$$

由于假定了 $\Delta G = \Delta T$，所以，

$$\Delta Y = \frac{\Delta G - \beta \Delta T}{1-\beta} = \frac{(1-\beta)\Delta G}{1-\beta} = \Delta G$$

或

$$\Delta Y = \frac{\Delta G - \beta \Delta T}{1-\beta} = \frac{(1-\beta)\Delta T}{1-\beta} = \Delta T$$

所以，

$$k_B=\frac{\Delta Y}{\Delta G}=\frac{\Delta Y}{\Delta T}=\frac{1-\beta}{1-\beta}=1 \quad (6.40)$$

式（6.40）表明，政府购买支出和税收等量变动 1 单位时，均衡国民收入也变动 1 单位，政府平衡预算乘数 k_B 等于 1。

（三）三部门经济中比例税下的乘数

比例税与国民收入的多少有关，假定税收函数为 $T=T_0+tY$，式中，t 为比例税率，T_0 为自发税收，tY 为引致税收。

在三部门经济中比例税收下总支出为：

$$\begin{aligned}Y&=C+I+G=[\alpha+\beta TR_0-\beta(T_0+tY)+I_0+G_0]+\beta Y\\&=(\alpha+\beta TR_0-\beta T_0+I_0+G_0)+\beta(1-t)Y=A_0+\beta(1-t)Y\end{aligned}$$

整理，得均衡国民收入为：

$$Y_0=\frac{\alpha+\beta TR_0-\beta T_0+I_0+G_0}{1-\beta(1-t)}=\frac{1}{1-\beta(1-t)}\cdot A_0 \quad (6.41)$$

自发总支出中的任何变动，如投资、政府购买、定量税收、政府转移支付的变动，也都会引起均衡国民收入若干倍的变动，但这个乘数会与定量税下的乘数有所不同，它们的推导过程和结果如下。

1. 投资乘数

$$Y_0=\frac{\alpha+\beta TR_0-\beta T_0+I_0+G_0}{1-\beta(1-t)}$$

$$Y_1=\frac{\alpha+\beta TR_0-\beta T_0+I_1+G_0}{1-\beta(1-t)}$$

$$Y_1-Y_0=\Delta Y=\frac{I_1-I_0}{1-\beta(1-t)}=\frac{\Delta I}{1-\beta(1-t)}$$

$$k_I=\frac{\Delta Y}{\Delta I}=\frac{1}{1-\beta(1-t)} \quad (6.42)$$

2. 政府购买乘数

政府购买乘数的推导过程与投资乘数类似。

$$K_G=\frac{\Delta Y}{\Delta G}=\frac{1}{1-\beta(1-t)} \quad (6.43)$$

3. 税收乘数

$$Y_0=\frac{\alpha+\beta TR_0-\beta T_0+I_0+G_0}{1-\beta(1-t)}$$

$$Y_1=\frac{\alpha+\beta TR_0-\beta T_1+I_0+G_0}{1-\beta(1-t)}$$

$$Y_1-Y_0=\Delta Y=\frac{-\beta(T_1-T_0)}{1-\beta(1-t)}=\frac{-\beta\Delta T}{1-\beta(1-t)}$$

$$k_T = \frac{\Delta Y}{\Delta T} = \frac{-\beta}{1-\beta(1-t)} \tag{6.44}$$

4. 政府转移支付乘数

$$Y_0 = \frac{\alpha + \beta TR_0 - \beta T_0 + I_0 + G_0}{1-\beta(1-t)}$$

$$Y_1 = \frac{\alpha + \beta TR_1 - \beta T_0 + I_0 + G_0}{1-\beta(1-t)}$$

$$Y_1 - Y_0 = \Delta Y = \frac{\beta(TR_1 - TR_0)}{1-\beta(1-t)} = \frac{\beta \Delta TR}{1-\beta(1-t)}$$

$$k_{TR} = \frac{\Delta Y}{\Delta TR} = \frac{\beta}{1-\beta(1-t)} \tag{6.45}$$

5. 政府平衡预算乘数

$$\Delta Y = k_G \Delta G + k_T \Delta T = \frac{\Delta G - \beta \Delta T}{1-\beta(1-t)}$$

由于假定了 $\Delta G = \Delta T$，所以，

$$\Delta Y = \frac{\Delta G - \beta \Delta T}{1-\beta(1-t)} = \frac{(1-\beta)\Delta G}{1-\beta(1-t)} = \Delta G$$

或

$$\Delta Y = \frac{\Delta G - \beta \Delta T}{1-\beta(1-t)} = \frac{(1-\beta)\Delta T}{1-\beta(1-t)} = \Delta T$$

所以，

$$k_B = \frac{\Delta Y}{\Delta G} = \frac{\Delta Y}{\Delta T} = \frac{1-\beta}{1-\beta(1-t)} \tag{6.46}$$

比较一下封闭经济中固定税收和比例税收情况下的乘数大小。由于 $0<\beta<1$，$0<t<1$，所以有：

$$\frac{1}{1-\beta} > \frac{1}{1-\beta(1-t)} \tag{6.47}$$

在比例税情况下，各种乘数都要比固定税情况下要小。在现实世界中，随着收入水平提高，税收也会趋于更高的水平。当私人投资和政府购买等自发支出上升或下降时，均衡国民收入增加或减少的比较少。这意味着比例所得税能够自动缓解自发总支出的变动对产出变动的影响。这种功能被称为自动稳定器。

（四）四部门经济中的乘数

在四部门经济中比例税收下总支出为：

$$\begin{aligned} Y &= C + I + G + X - M = (\alpha + \beta TR_0 - \beta T_0 + I_0 + G_0) \\ &\quad + \beta(1-t)Y + X_0 - (M_0 + \gamma Y) \end{aligned}$$

$$= A_0 + (X_0 - M_0) + (\beta(1-t) - \gamma)Y$$

整理，得四部门经济均衡国民收入决定公式为：

$$Y_0 = \frac{\alpha + \beta TR_0 - \beta T_0 + I_0 + G_0 + (X_0 - M_0)}{1 - \beta(1-t) + \gamma} = \frac{A_0 + (X_0 - M_0)}{1 - \beta(1-t) + \gamma} \quad (6.48)$$

对外贸易乘数表示出口每增加 1 单位时，国民收入的变动量与该出口的变动量的比率。

$$k_X = \frac{\Delta Y}{\Delta X} = \frac{1}{1 - \beta(1-t) + \gamma} \quad (6.49)$$

再比较一下三部门经济和四部门经济中的乘数大小。由于 $0 < \beta < 1$，$0 < t < 1$，$0 < \gamma < 1$ 所以有：

$$\frac{1}{1-\beta} > \frac{1}{1-\beta(1-t)} > \frac{1}{1-\beta(1-t)+\gamma} \quad (6.50)$$

有了对外贸易之后，不仅出口的变动，而且投资、政府购买、税收、政府转移支付的变动对国民收入变动的影响，与封闭经济相比，也都发生了变动。在封闭经济中，投资、政府购买支出变动，国民收入变动的倍数是 $1/[1-\beta(1-t)]$，而现在变成了 $1/[1-\beta(1-t)+\gamma]$，乘数变得更小了。这主要是由于增加的国民收入中的一部分现在被用到进口商品方面去了。

实验 6.3

二、实验操作

【实验 6.3】三部门经济定量税乘数实验

实验目的：掌握三部门经济中定量税下的乘数，能够通过代数法和几何法计算自发消费乘数、政府购买乘数、税收乘数、政府转移支付乘数、自发投资乘数、平衡预算乘数。

实验内容：

第一步，在参数调节区，如图 6－6 所示，可以调节自发消费、边际消费倾向、政府购买、政府税收、政府转移支付和自发投资等。通过分别调节每个参数，研究其对均衡产出的影响。

第二步，图形显示区，如图 6－7 所示，显示凯恩斯主义交叉图中的计划支出线变动和均衡产出的变动情况。参数调节区中各项数值变动后，通过记录均衡产出的变动情况研究三部门经济定量税下相应的乘数。

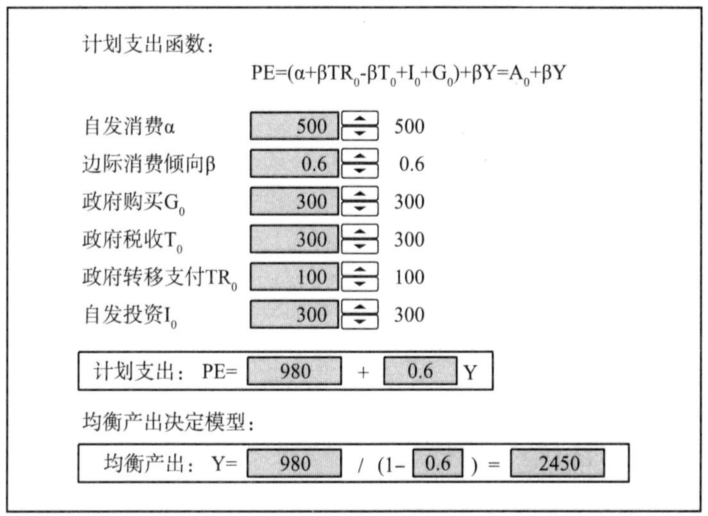

图 6－6　三部门定量税乘数的参数调节

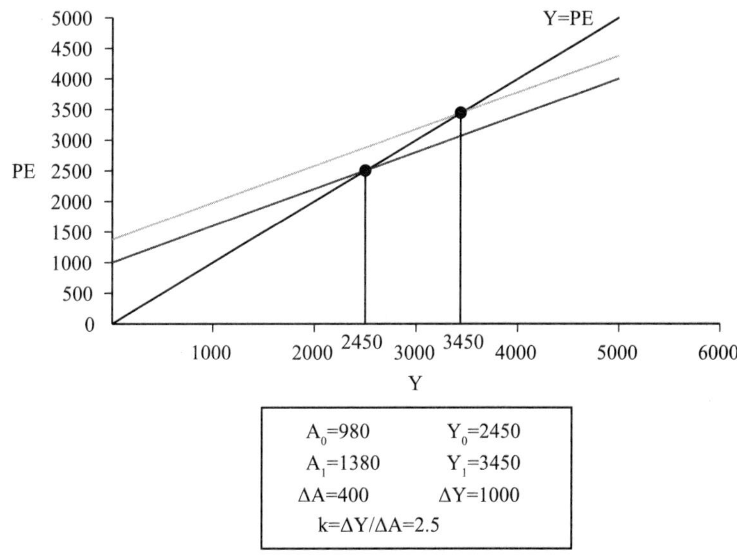

图 6－7　三部门定量税乘数的图形显示

第三步，在结果显示区，如图 6－8 所示，显示用代数法根据定量税乘数公式计算得出的乘数结果，学生也可以使用几何法根据在图形中显示的产出变动情况，根据乘数的定义计算得出乘数结果。

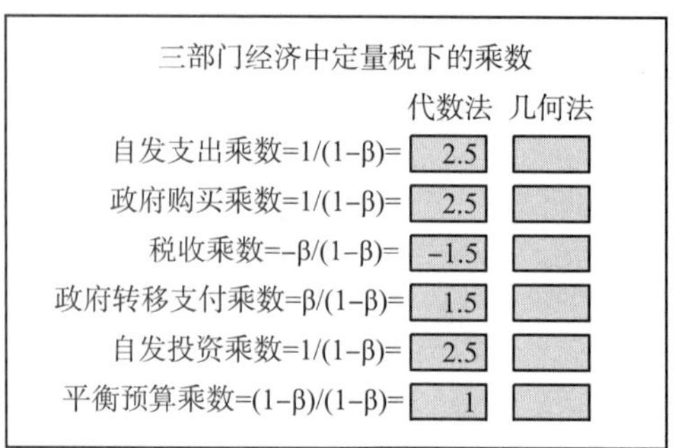

图 6-8　三部门定量税乘数的结果显示

实验 6.4

【实验 6.4】三部门经济比例税乘数实验

实验目的：掌握三部门经济中比例税下的乘数，能够通过代数法和几何法计算自发消费乘数、政府购买乘数、税收乘数、政府转移支付乘数、自发投资乘数、平衡预算乘数。

实验内容：

第一步，在参数调节区，如图 6-9 所示，可以调节自发消费、政府购买、自发税收、政府转移支付、自发投资、边际消费倾向和边际税率等。通过分别调节每个参数，研究其对均衡产出的影响。

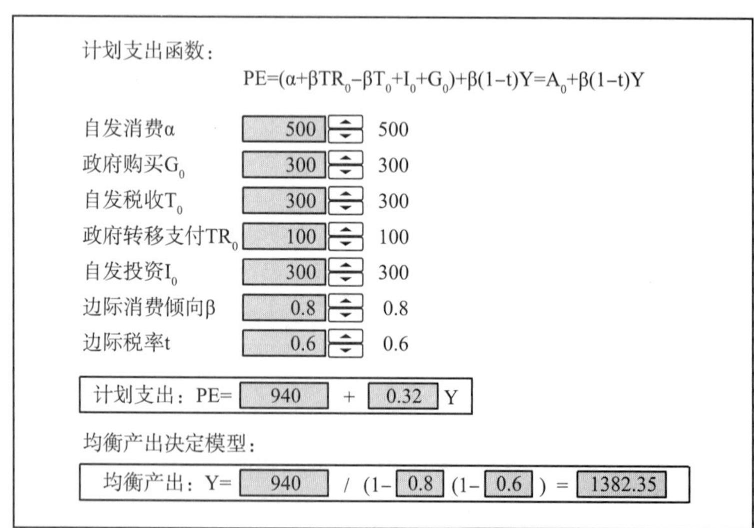

图 6-9　三部门比例税乘数的参数调节

第二步，图形显示区，如图 6-10 所示，显示凯恩斯主义交叉图中的计划支出线变动和均衡产出的变动情况。参数调节区中各项数值变动后，通过记录均衡产出的变动情况研究三部门经济比例税下相应的乘数。

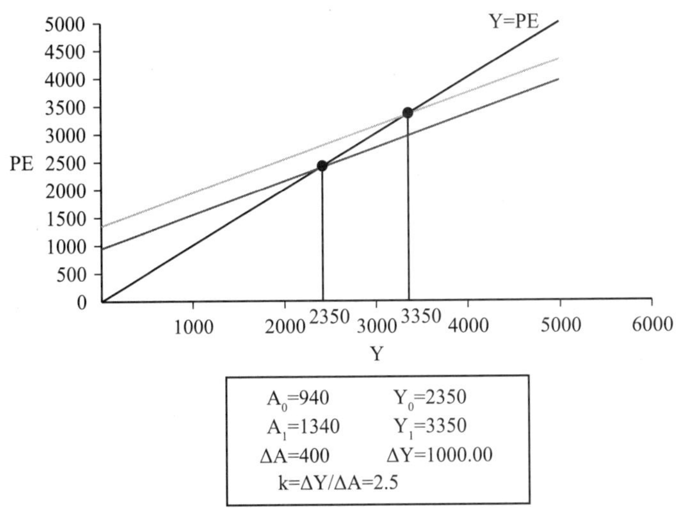

图 6－10　三部门比例税乘数的图形显示

第三步，在结果显示区，如图 6－11 所示，显示用代数法根据比例税乘数公式计算得出的乘数结果，学生也可以使用几何法根据在图形中显示的产出变动情况，根据乘数的定义计算得出乘数结果。

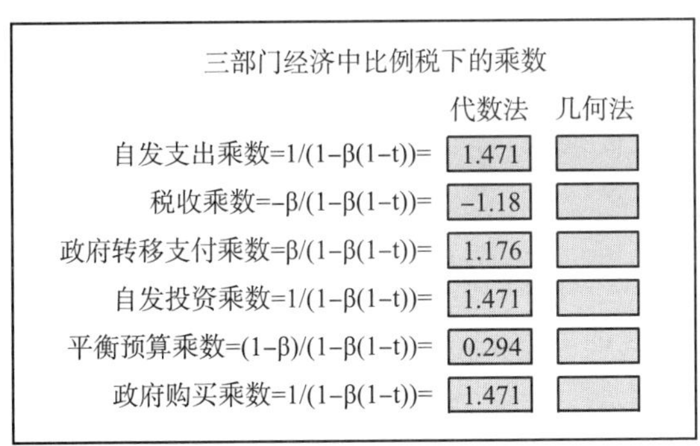

三部门经济中比例税下的乘数

	代数法	几何法
自发支出乘数=1/(1−β(1−t))=	1.471	
税收乘数=−β/(1−β(1−t))=	−1.18	
政府转移支付乘数=β/(1−β(1−t))=	1.176	
自发投资乘数=1/(1−β(1−t))=	1.471	
平衡预算乘数=(1−β)/(1−β(1−t))=	0.294	
政府购买乘数=1/(1−β(1−t))=	1.471	

图 6－11　三部门比例税乘数的结果显示

三、巩固练习

参考答案

（一）单项选择题

1. 乘数发挥作用需要的条件是（　　）。
   A. 经济实现了充分就业　　B. 总需求大于总供给
   C. 政府支出等于政府税收　　D. 经济中存在闲置资源

2. 在三部门经济定量税下若边际消费倾向为 0.8，则政府购买乘数为（　　）。

A. 5　　B. 2.5　　C. 2　　D. −2

3. 假定均衡收入为 10000 亿元，边际消费倾向为 0.8，边际税率 t 为 0.25。如果政府想把均衡收入增加到 12000 亿元，其他条件不变时，政府应增加政府购买（　　）亿元。

A. 2000　　B. 800　　C. 500　　D. 200

4. 在边际消费倾向和边际税率相同情况下，政府购买乘数、税收乘数和政府转移支付乘数的大小关系为（　　）。

A. $k_G > k_T > k_{TR}$　　B. $k_T > k_{TR} > k_G$

C. $k_G > k_{TR} > k_T$　　D. $k_{TR} > k_G > k_T$

5. 如果经济已经实现了充分就业的均衡，此时政府欲增加 100 亿元的购买支出。为保持价格稳定，政府可以（　　）。

A. 增税小于 100 亿元　　B. 增税等于 100 亿元

C. 增税大于 100 亿元　　D. 减少 100 亿元的转移支付

（二）计算题

假设某经济体的消费函数为 $C = 200 + 0.8Y_D$，投资 $I = 150$，政府购买 $G = 100$，政府转移支付 $TR = 100$，税收函数为 $T = 50 + 0.25Y$。

（1）计算均衡国民收入；

（2）计算投资乘数、政府购买乘数、税收乘数和政府转移支付乘数。

第七章

产品市场和货币市场的共同均衡

第一节　产品市场的均衡：IS 曲线

IS 曲线

一、理论概述

（一）IS 曲线的含义

IS 曲线是描述产品市场达到均衡时，利率和收入（产出）之间关系的曲线。I 表示投资，S 表示储蓄。IS 曲线就是使投资与储蓄相等时所有代表均衡利率水平和均衡收入水平的组合点的集合。

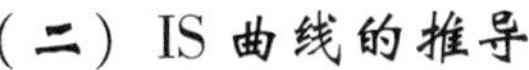

（二）IS 曲线的推导

1. 用投资函数曲线和储蓄函数曲线推导 IS 曲线

产品市场的均衡是指产品市场上总需求与总供给相等。三部门经济中总需求等于总供给是指 C + I + G = C + S + T，产品市场均衡的条件是 I + G = S + T，或 I = S +（T − G），等式右侧 S 表示私人储蓄，（T − G）表示政府储蓄，为简化分析，先临时假定（T − G）= 0，则经济均衡的条件为 I = S。在两部门经济中总需求等于总供给即 C + I = C + S，均衡的条件是 I = S。

如果同时考虑产品市场和货币市场，投资不再是外生变量，投资与利率的线性函数可表示为：

$$I = I_0 - dr \tag{7.1}$$

式（7.1）中，I_0 是自发投资，$-dr$ 是引致投资，d 表示投资需求对于利率变动的反应程度，r 表示利率。

假定消费函数为 $C = \alpha + \beta Y$，由 $Y = C + S$，得储蓄函数为：

$$S = -\alpha + (1 - \beta)Y \tag{7.2}$$

可以用投资函数曲线和储蓄函数曲线推导 IS 曲线，由四个相关图形组成。在图 7－1 右下方的图形中，纵轴表示利率 r，横轴表示投资量 I，向右方倾斜的直线表示投资需求是利率的减函数；在右上方的图形中，纵轴表示储蓄 S，横轴表示投资 I，自原点出发向右上方倾斜成 45°的直线表示投资 I 和储蓄 S 相等时的均衡状态；在左上方的图形中，纵轴表示储蓄 S，横轴表示国民收入 Y，向右上方倾斜的直线表示储蓄是国民收入的增函数；在左下方的图形中，纵轴表示利率 r，横轴表示国民收入 Y，可求得产品市场均衡时即投资等于储蓄时产出和利率的组合点，由组合点组成的向右下方倾斜的直线即 IS 曲线。

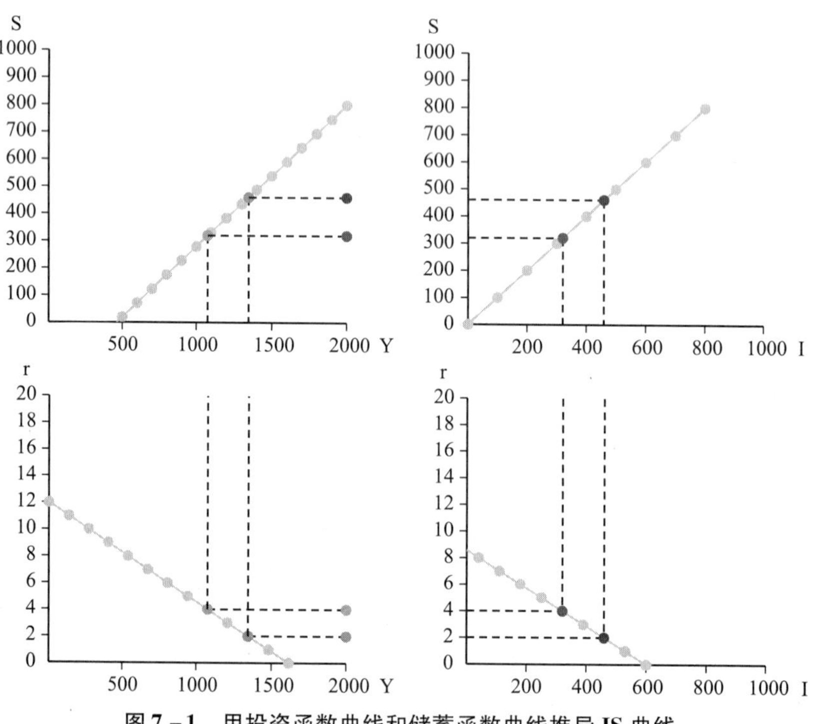

图 7－1　用投资函数曲线和储蓄函数曲线推导 IS 曲线

2. 用凯恩斯主义交叉图推导 IS 曲线

使用凯恩斯主义交叉图来推导 IS 曲线，由两个图形组成，如图 7－2 所示。

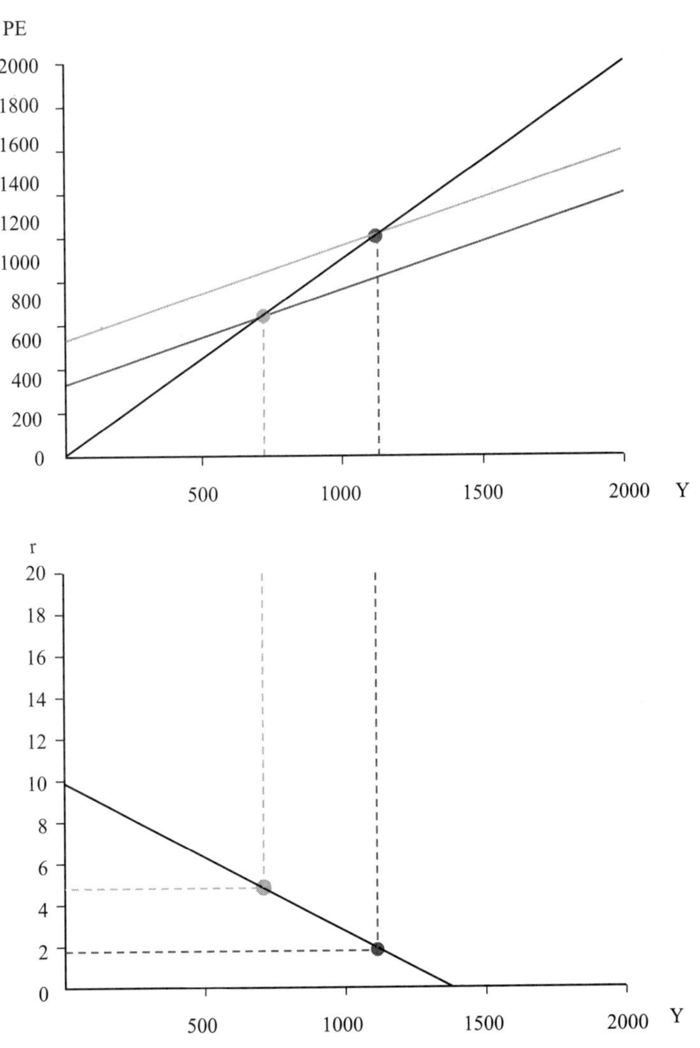

图 7－2　用凯恩斯主义交叉图推导 IS 曲线

在投资为利率的线性函数 $I = I_0 - dr$ 时，三部门经济中比例税收下计划总支出函数可表示为：

$$\begin{aligned} PE &= C + I + G = (\alpha + \beta TR_0 - \beta(T_0 + tY) + I_0 - dr + G_0) + \beta Y \\ &= (\alpha + \beta TR_0 - \beta T_0 + I_0 + G_0) - dr + \beta(1 - t)Y \\ &= A_0 - dr + \beta(1 - t)Y \end{aligned} \tag{7.3}$$

以 A_0-dr 为截距，$\beta(1-t)$ 为斜率在凯恩斯主义交叉图中画出计划支出线，纵轴为计划支出 PE，横轴为收入（或产出）Y，向右上方倾斜的直线为计划支出线，当利率不同时，计划支出线的截距不同，从而其随着利率的变化上下平移，与图形中表示计划支出等于收入（或产出）的45°线相交于不同的点，从而得到不同的均衡收入；在凯恩斯主义交叉图下方的图形中，纵轴表示利率 r，横轴表示收入（或产出）Y，可求得产品市场均衡时即产出等于计划支出时均衡产出和利率的组合点，由组合点组成的向右下方倾斜的直线即 IS 曲线。也可在右侧增加一个表示投资函数的图形，纵轴表示利率 r，横轴表示投资量 I，投资需求曲线向右下方倾斜，表示投资是利率的减函数。

在几何图形中，IS 曲线将产出和利率的组合点分为三种情况：在 IS 曲线上的产出和利率的组合点都表示产品市场是均衡的，即产品的需求和供给相等；在 IS 曲线右上方的产出和利率的组合点都表示产品是过度供给的；在 IS 曲线左下方的产出和利率的组合点都表示产品是过度需求的。

3. 用代数表达式推导 IS 曲线

我们可以用总支出等于总产出来推导 IS 曲线的代数表达式。

以三部门经济为例，总支出由消费、投资和政府购买组成。三部门经济中比例税收下计划总支出函数为：

$$PE = A_0 - dr + \beta(1-t)Y \tag{7.4}$$

由于产品市场的均衡条件是总产出等于总支出，所以：

$$Y = PE = A_0 - dr + \beta(1-t)Y \tag{7.5}$$

整理，得：

$$Y = \frac{A_0 - dr}{1-\beta(1-t)} \tag{7.6}$$

将乘数公式：

$$k = \frac{1}{1-\beta(1-t)} \tag{7.7}$$

代入式（7.6），整理，得 IS 曲线方程：

$$Y = kA_0 - kdr \tag{7.8}$$

或

$$r = \frac{A_0}{d} - \frac{1}{kd}Y \tag{7.9}$$

（三）IS 曲线的斜率

IS 曲线图形上的纵轴表示利率，横轴表示产出，IS 曲线的斜率可表示为：

$$\frac{dr}{dY} = -\frac{1}{kd} = -\frac{1-\beta(1-t)}{d} \tag{7.10}$$

IS 曲线的斜率大小可以说取决于 k 和 d，也可以说取决于 d、β 和 t。

当总支出的变动既定时，乘数 k 越大，意味着利率变动引起投资变动时，收入会以较大幅度变动，因而 IS 曲线就比较平缓。相反，乘数越小，一定的利率变动所引起的收入变动越小，IS 曲线越陡峭；如果 d 的值较大，即投资对于利率变动比较敏感，那么 IS 曲线的斜率绝对值就较小，即 IS 曲线较平缓。这是因为，投资对利率较敏感时，利率的较小变动就会引起投资较大的变动，进而引起收入较大的变动。这反映在 IS 曲线上就是：利率的较小变动要求有收入的较大变动与之相配合，才能使产品市场均衡。

乘数的大小又取决于边际消费倾向 β 和边际税率 t。如果 β 值较大，IS 曲线的斜率绝对值就较小。这是因为 β 值较大，意味着乘数较大，从而当利率变动引起投资变动时，收入就会以较大幅度变动，因而 IS 曲线就较平缓。当 d 和 β 固定时，税率 t 越小，IS 曲线就越平缓；t 越大，IS 曲线就越陡峭。

（四）IS 曲线的变动

因为 IS 曲线中截距部分的变动都会引起 IS 曲线的变动，所以截距中自发总支出 A_0 里面的每部分都是影响 IS 曲线变动的因素。如果自发总支出变动了，计划支出线就会变动，从而 IS 曲线的位置就会移动。这些因素包括消费（或储蓄）、投资、政府购买、政府转移支付、税收等。如果考虑到开放经济的情况，则引起 IS 曲线移动的因素还包括进出口的变动。

增加政府购买、增加转移支付和减税，都属于增加总需求的扩张性财政政策；而减少政府购买、减少转移支付和增税，都属于降低总需求的紧缩性财政政策。政府实行扩张性财政政策时，自发总支出增加，计划支出线向上移动，均衡产出增加，IS 曲线向右移动；政府实行紧缩性财政政策时，自发总支出减少，计划支出线向下移动，均衡产出减少，IS 曲线向左移动。

各因素所引起的自发总支出的变动，使产出的变动量等于乘数 k 与 ΔA 的乘积：$\Delta Y = k \cdot \Delta A$，即 IS 曲线向左右平移的距离等于乘数 k 乘以自发总支出的变动量 ΔA，或者说是各因素的乘数乘以各因素的变动量。

实验 7.1

二、实验操作

【实验 7.1】产品市场均衡实验

实验目的：掌握 IS 曲线的推导、IS 曲线的斜率和 IS 曲线的变动。能使用 IS 曲线分析财政政策对国民收入变动的影响。

实验内容：

（一）凯恩斯主义交叉图

以三部门经济为例，计划支出由消费支出、投资支出和政府购买支出组成。假定投资支出是利率的函数，即 $I = I_0 - dr$，计划总支出函数为 $PE = (A_0 - dr) + \beta(1 - t)Y$。参数 r 为利率，在本实验中的取值范围为［1，5］，步长为 1，默认值为 2。以 $A_0 - dr$ 为截距，$\beta(1 - t)$ 为斜率绘制计划支出线。利率 r 变动时，计划支出线的截距 $A_0 - dr$ 发生变动，计划支出线平行移动，在凯恩斯主义交叉图中均衡产出也做相应变动。计划总支出函数参数调节面板如图 7－3 所示。

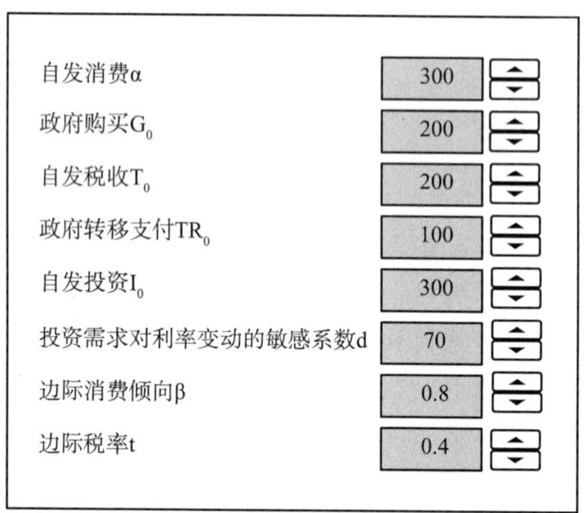

图 7－3　计划总支出函数参数调节面板

（二）用凯恩斯主义交叉图推导 IS 曲线

如图 7－2 所示，在上面的凯恩斯主义交叉图中，利率为 2 时（其他参数取默认值），均衡收入为 1115。利率变为 4 时均衡收入变为 846.2。每一利率和与其对应的均衡收入组成一个产品市场均衡时的组合点，当利率连续变动时，对应得到一系列均衡收入，得到一系列组合点。在下方的图形中，纵轴表示利率 r，横轴表示收入（或产出）Y，一系列组合点组成 IS 曲线。

（三）IS 曲线的斜率

IS 曲线的斜率与投资需求对利率变动的敏感系数 d、边际消费倾向 β、边际税率 t 有关。学生可在操作面板中调整这三个参数的大小，研究其对 IS 曲线斜率的影响。d 的取值范围为［10，100］，步长为1，默认值为70；β 的取值范围为［0.4，0.9］，步长为0.1，默认值为0.8；t 的取值范围为［0.25，0.5］，步长为0.05，默认值为0.4。

（四）IS 曲线的变动

IS 曲线的截距为 A_0/d，其中 A_0 又包括消费、投资、政府购买、税收和政府转移支付。这些因素的变动都会使 IS 曲线变动。学生可在操作面板中调整这些参数的大小，研究其对 IS 曲线变动的影响，特别是财政政策对 IS 曲线变动的影响。这些参数的取值范围、步长等与【实验 6.1】一样。

参考答案

三、巩固练习

1. IS 曲线上的每一点都表示（　　）。
   A. 产品市场均衡时收入和利率的组合
   B. 货币市场均衡时收入和利率的组合
   C. 劳动市场均衡时收入和利率的组合
   D. 产品市场和货币市场共同均衡时收入和利率的组合
2. IS 曲线右上方的收入和利率的组合表示（　　）。
   A. 产品需求大于产品供给　　B. 产品需求小于产品供给
   C. 货币需求大于货币供给　　D. 货币需求小于货币供给
3. 一般来说，（　　）IS 曲线越陡峭。
   A. 乘数越小　　B. 边际消费倾向越大
   C. 税率越低　　D. 投资对于利率越敏感
4. 在其他条件不变时，政府转移支付增加 ΔTR 引起 IS 曲线的移动量为（　　）。
   A. ΔTR
   B. 乘数 k 与 ΔTR 的乘积
   C. 乘数 k 与 ΔA 的乘积

D. 转移支付乘数 k_{TR} 与 ΔA 的乘积

5. 下面对 IS 曲线的说法正确的是（　　）。

A. 若投资是一常数时，IS 曲线将是水平的

B. 自发总支出越大，IS 曲线越陡峭

C. 边际消费倾向越大，IS 曲线越陡峭

D. 投资需求曲线的斜率与 IS 曲线的斜率同方向变化

第二节　货币市场的均衡：LM 曲线

LM 曲线

一、理论概述

（一）货币市场均衡的含义和利率的决定

1. 货币的供给

在宏观经济学中，我们忽略各种存款之间的差别，把货币定义为在银行体系之外流通的通货（包括纸币和硬币）和在商业银行的活期存款。除货币之外的其他流动性资产统称为债券。于是所有的流动性资产不是货币就是债券。货币没有收益，但可直接作为交易媒介；债券有收益，但不可直接作为交易媒介。

一般而言，中央银行有三种货币政策工具可以用于控制货币供给：公开市场业务、法定准备金率和再贴现率。

（1）公开市场业务。

公开市场业务是中央银行最常用、也是最重要的货币政策工具。它是指中央银行通过在金融市场上公开买卖政府债券来调节货币供给量。中央银行在公开市场购入债券时，增加公众手中的通货和商业银行的准备金，即增加基础货币，从而使货币供给增加；中央银行在公开市场售出债券时，减少公众手中的通货和商业银行的准备金，即减少基础货币，从而使货币供给减少。

（2）法定准备金率。

准备金是商业银行库存的现金和按比例存放在中央银行的存款，其目的是确保商业银行在遇到突然大量提取银行存款时能有充足的清偿能力。在现代银行制度中，准备金在中央银行存款中应占的比例是

依法规定的，故称为法定准备金率，即银行法（或中央银行）所规定的存款金融机构（商业银行）所吸收的存款中必须向中央银行缴存的准备金比例，它又称为法定存款准备金率。当法定准备金率降低时，货币乘数增大，货币供给增加；当法定准备金率提高时，货币乘数减少，货币供给减少。

（3）再贴现率。

再贴现是相对于贴现而言的，商业银行在其已贴现的票据未到期以前，将票据卖给中央银行得到中央银行的贷款，称为再贴现。中央银行在对商业银行办理贴现贷款时所收取的利率称为再贴现率。这一利率实际上是商业银行将其贴现的未到期票据向中央银行申请再贴现时的预扣利率。当贴现率降低时，准备金借贷成本降低，货币供给增加；当贴现率提高时，准备金借贷成本上升，货币供给减少。

在部分准备金银行制度中，中央银行并不能完全控制整个经济中的货币供给量，经济中的货币供给部分取决于商业银行和公众的行为。为了便于构建理论模型，忽略银行体系引起的复杂性，假定货币供给是中央银行可以直接控制的一个外生变量。名义货币供给用 M 表示，实际货币供给用 M/P 表示。

2. 货币的需求

凯恩斯把人们对于货币的需求称为流动性偏好，认为人们持有货币或需要货币的原因或动机有三个，即交易动机、预防动机和投机动机，因此，人们对货币的需求可以划分为交易动机的货币需求、预防动机的货币需求和投机动机的货币需求。

（1）交易动机的货币需求。

个人或企业为了进行日常交易所需要持有的货币数量，被称为交易动机的货币需求。凯恩斯认为，交易动机的货币需求是收入的增函数。

（2）预防动机的货币需求。

人们为了应付意外事件的发生而需要持有的货币数量，被称为预防动机的货币需求，又被称为谨慎动机的货币需求。预防动机的货币需求量大体上也和收入成正比，是收入的增函数。

由于交易动机的货币需求和预防动机的货币需求都取决于收入，它们都是收入的增函数，因此，把二者结合在一起，用 L_1 表示交易动机和预防动机所产生的全部货币需求量，用 Y 表示收入，用 k 表示这两种动机的货币需求对收入的敏感程度，则关系式可表示为：

$$L_1 = kY \tag{7.11}$$

（3）投机动机的货币需求。

投机动机指人们持有货币是为了在金融市场上抓住购买有价证券的有利机会。假如人们暂时不用的财富只能采用货币形式或债券形式来保存。债券能带来收益，而闲置货币则没有收益。在实际经济生活中，债券价格高低与利率的高低呈反向变化。当人们预计债券价格将上涨（预计利率将下降）时，就会用货币买进债券，以备将来高价卖出债券而获得收益。当人们预计债券价格将下降（预计利率将上升）时，就会卖出债券，而把货币保留在手中，以备将来债券价格下降时再买入。这种预计债券价格将要下降而保留在手中的货币，就是投机动机的货币需求。

投机动机的货币需求取决于利率。如果用 L_2 表示投机动机的货币需求，用 r 表示利率，则投机动机的货币需求和利率的关系可表示为：

$$L_2 = L(r) \tag{7.12}$$

也可简化为：

$$L_2 = -hr,\ h > 0 \tag{7.13}$$

式（7.13）表示，投机动机的货币需求与利率呈反方向关系，h 表示货币需求对利率变动的敏感程度。

（4）货币需求函数。

货币需求是人们交易动机的货币需求、预防动机的货币需求和投机动机的货币需求的总和。货币需求函数可用公式表示为：

$$L = L_1 + L_2 = kY - hr \tag{7.14}$$

或

$$(M/P)^d = L(Y,\ r) \tag{7.15}$$

凯恩斯的货币需求函数表明，人们对货币的实际需求量取决于收入和利率。随着收入的增加，实际货币需求量会增加；随着利率的增加，实际货币需求量会减少。

3. 货币市场的均衡

（1）实际货币需求。

在流动性偏好理论中，实际货币需求与收入正相关，与利率负相关，可用货币需求函数表示为：

$$(M/P)^d = kY - hr \tag{7.16}$$

式（7.16）中，参数 k 和 h 分别表示实际余额需求对收入水平和利率变动的敏感程度，它们均大于零。

（2）实际货币供给。

首先假定货币供给量由中央银行控制的外生变量 M_0，并且与利率无关。其次假定价格水平固定在 P_0 上（在 IS－LM 模型中假定价格水平不变），这样实际货币供给可表示为：

$$(M/P)^s = M_0/P_0 \tag{7.17}$$

（3）货币市场的均衡。

当实际货币需求量等于实际货币供给量时货币市场就实现了均衡，实际货币余额的供给和需求决定了经济中现行的利率水平。货币市场的均衡是通过人们的资产组合调整促使利率发生变动来实现的。

在实际收入水平和货币供给量固定不变的条件下，如果市场利率低于均衡利率，此时市场实际货币需求量超过实际货币供给量，这时人们感到手中持有的货币不足，就会卖出手中的债券或到银行提款而得到货币。为了吸引此时更为稀缺的货币，银行和债券发行者的反应是提高其所支付的利率，从而促使利率水平上升。反之，当市场利率高于均衡利率时，实际货币供给量超过实际货币需求量，此时人们感到手中持有的货币过多，就会使用手中多余的货币去买进债券，或存入银行获取利息，这种超额货币供给将刺激债券发行者和银行降低利率，这种情况一直要持续到货币供求相等时为止。只有当货币供求相等时，人们对持有资产组合的调整方告结束，市场利率等于均衡利率。

（二）LM 曲线的含义

LM 曲线是描述货币市场达到均衡时，利率和收入（产出）之间关系的曲线。LM 曲线又可称为流动偏好（L）—货币数量（M）曲线。LM 曲线就是使货币市场均衡时所有代表均衡利率水平和均衡收入水平的组合点的集合。

（三）LM 曲线的推导

1. 用四个相关图形推导 LM 曲线

货币市场均衡时 $(M/P)^s = kY - hr$，即 $(M/P)^s = L_1 + L_2$。可以用交易与预防动机的货币需求曲线和投机动机的货币需求曲线推导 IS 曲线，由四个相关图形组成，如图 7－4 所示。

在左上方的图形中，纵轴表示交易与预防动机的货币需求 L_1，横轴表示收入 Y，向右上方倾斜的直线表示交易与预防动机的货币需求是收入的增函数。

在右下方的图形中，纵轴表示利率 r，横轴表示投机动机的货币需求 L_2，向右下方倾斜的直线表示投机动机的货币需求与利率负相关。

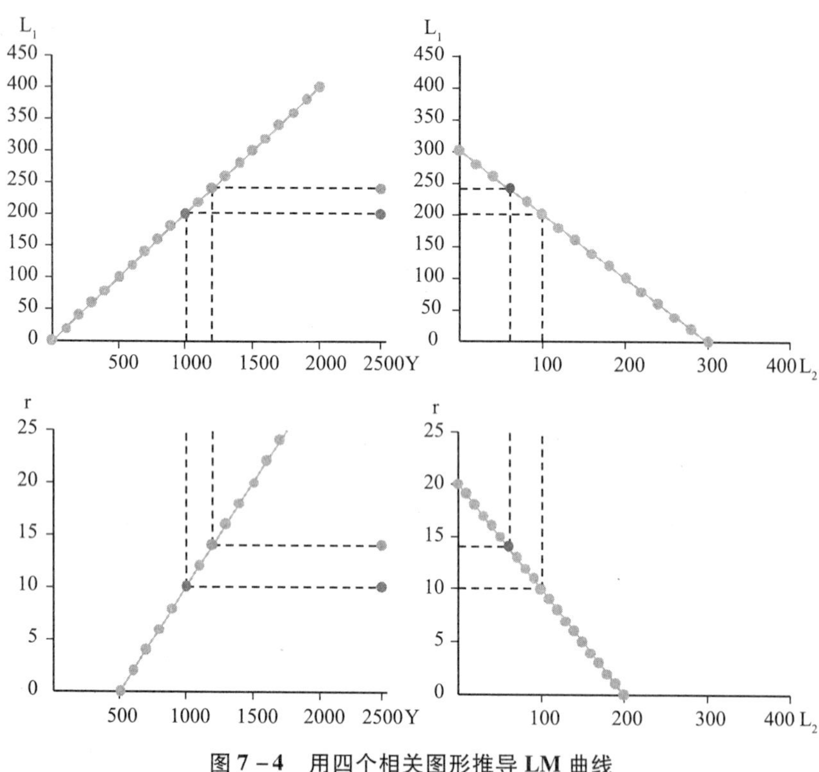

图 7-4 用四个相关图形推导 LM 曲线

在右上方的图形中，纵轴表示交易与预防动机的货币需求 L_1，横轴表示投机动机的货币需求 L_2，货币市场均衡的条件 $(M/P)^s = L_1 + L_2$ 可写为 $L_1 = (M/P)^s - L_2$，在图中是一条以 $(M/P)^s$ 为截距，斜率为 -1 的向右下方倾斜的直线。假定物价水平 $P = 1$，货币需求 $L = L_1 + L_2$，货币供给为 M。货币市场均衡，即货币供给等于货币需求时 $M = L_1 + L_2$，图中直线方程则简化为 $L_1 = M - L_2$。

在左下方的图形中，纵轴表示利率 r，横轴表示国民收入 Y，可求得货币市场均衡时产出和利率的组合点，组合点组成的向右上方倾斜的直线即 LM 曲线。

2. 从货币市场均衡推导 LM 曲线

LM 曲线也可以直接从货币市场均衡过程推导出来，由两个相关图形组成，如图 7-5 所示。在以利率 r 为纵轴，以实际货币数量 M/P 为横轴的图形中，假定名义货币供给量 M_0 和价格水平 P_0 固定不变，实际货币供给曲线为垂线 M_0/P_0。货币需求曲线向右下方倾斜，当收入增加时，货币需求曲线会向右移动；当收入减少时货币需求曲线会向左移动。货币供给曲线和货币需求曲线的交点决定了货币市场均衡时的利率水平。当实际货币供给既定时，不同收入水平相对应的货币需求曲线与货币供给曲线相交于不同的均衡点，得到不同的均衡利率水平。在货币市场均衡时，收入和利率的若干组合点就组成了LM曲线。

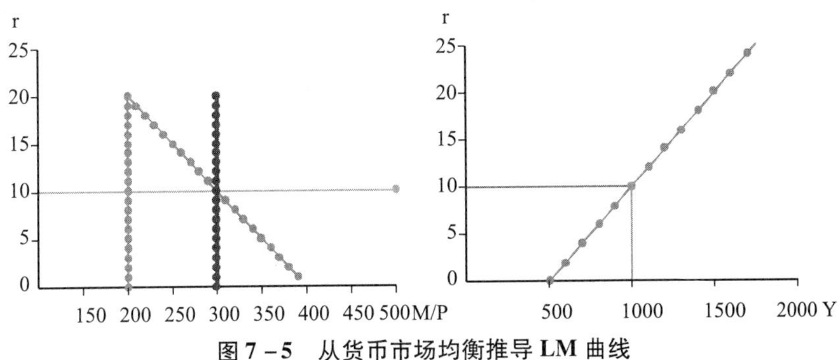

图7-5 从货币市场均衡推导LM曲线

在几何图形中，LM曲线将收入和利率的组合点分为三种情况。在LM曲线上的任何一点均为货币市场均衡时的利率与国民收入的组合点，而在LM曲线以外任一点上利率与国民收入的组合都意味着货币市场的失衡。在LM曲线左上方的点所对应的收入和利率的组合都是货币市场存在货币过度供给的情况。在LM曲线右下方的所有的点所对应的收入和利率的组合都是货币市场存在货币过度需求的情况。

3. 用代数表达式推导LM曲线

可以用货币需求等于货币供给来推导LM曲线的代数表达式。

实际货币余额需求函数为：

$$(M/P)^d = kY - hr \tag{7.18}$$

实际货币供给可表示为：

$$(M/P)^s = M_0/P_0 \tag{7.19}$$

货币市场均衡时实际货币需求等于实际货币供给，即：$(M/P)^d = (M/P)^s$，则有：

$$M_0/P_0 = kY - hr \tag{7.20}$$

整理，得LM曲线方程：

$$Y = \frac{hr}{k} + \frac{M_0}{kP_0} \tag{7.21}$$

或

$$r = \frac{kY}{h} - \frac{M_0}{hP_0} \tag{7.22}$$

（四）LM 曲线的斜率

LM 曲线图形上的纵轴表示利率，横轴表示产出，LM 曲线的斜率可表示为：

$$\frac{dr}{dY}=\frac{k}{h} \tag{7.23}$$

LM 曲线的斜率大小取决于 k 和 h。

当 k 既定时，h 越大，即货币需求对利率的敏感程度越大，则 k/h 就越小，LM 曲线就越平缓；当 h 既定时，k 越大，即货币需求对收入变动的敏感程度越大，则 k/h 就越大，LM 曲线就越陡峭。

LM 曲线一般是向右上方倾斜的，它还有两种极端情况。

一种是“流动性陷阱”或“凯恩斯陷阱”情况。当利率降得很低时，货币的投机需求将变得无限大，在这一极低的利率水平上货币的投机需求量变得无限大，货币的投机需求曲线成为水平线。这种情况下，LM 曲线也成为水平线。

另一种是“古典”情况。当利率上升到很高水平时，货币的投机需求量将趋近于零。人们除了因交易动机和预防动机的货币需求必须持有一部分货币外，投机动机的货币需求为零。这种情况下，LM 曲线成为一段垂直线。

（五）LM 曲线的变动

LM 曲线描述了在任何收入水平上使货币市场实现均衡的利率水平。影响货币市场均衡的货币需求和货币供给的变动都会引起 LM 曲线的变动。货币政策主要是通过调整货币供给量来调节利率和国民收入，所以这里仅讨论货币供给变动的影响。在 LM 曲线斜率不变的条件下，LM 曲线的位置取决于实际货币供给量 M/P，如果中央银行增加货币供给量，将会引起 LM 曲线向右下方移动；如果中央银行减少货币供给量，将会引起 LM 曲线向左上方移动。

货币供给量变动 ΔM 时，如果在同一利率水平上，收入水平必须做相应变动，以改变交易与预防动机的货币需求，使货币需求等于变动后的货币供给，即 LM 曲线会左右移动，其移动的距离为 $\Delta M/kP_0$；如果在同一收入水平上，利率水平必须做相应变动，以改变投机动机的货币需求，使货币需求等于变动后的货币供给，即 LM 曲线会上下移动，其移动的距离为 $-\Delta M/hP_0$。

二、实验操作

实验 7.2

【实验 7.2】货币市场均衡实验

实验目的：掌握货币市场的均衡、LM 曲线的推导、LM 曲线的斜率和 LM 曲线的变动。学会使用 LM 曲线分析货币政策对国民收入变动的影响。

实验内容：

（一）货币市场的均衡

在货币需求函数中假定 $L_2 = L_2^0 - hr$，则货币需求函数为 $L = L_1 + L_2 = kY + L_2^0 - hr$。k 取值范围为［0.15，0.35］，步长为 0.01，默认值为 0.2；h 取值范围为［1，15］，步长为 1，默认值为 10。名义货币供给量 M_0 取值范围为［200，500］，步长为 10，默认值为 300；价格水平 P_0 设为 1。假定收入水平为 1000 时，生成货币需求和货币供给的模拟数据，如表 7－1 所示。

表 7－1　　货币需求和货币供给的模拟数据（Y＝1000）

r	$L_1 = 0.2Y$	$L_2 = 200 - 10r$	$L = L_1 + L_2$	M_0/P_0
0	200	200	400	300
1	200	190	390	300
2	200	180	380	300
3	200	170	370	300
4	200	160	360	300
5	200	150	350	300
6	200	140	340	300
7	200	130	330	300
8	200	120	320	300
9	200	110	310	300
10	200	100	300	300
11	200	90	290	300
12	200	80	280	300
13	200	70	270	300

续表

r	$L_1=0.2Y$	$L_2=200-10r$	$L=L_1+L_2$	M_0/P_0
14	200	60	260	300
15	200	50	250	300
16	200	40	240	300
17	200	30	230	300
18	200	20	220	300
19	200	10	210	300
20	200	0	200	300

根据模拟数据绘制货币需求曲线和货币供给曲线，如图7－6所示。货币需求等于货币供给时，货币市场实现均衡。

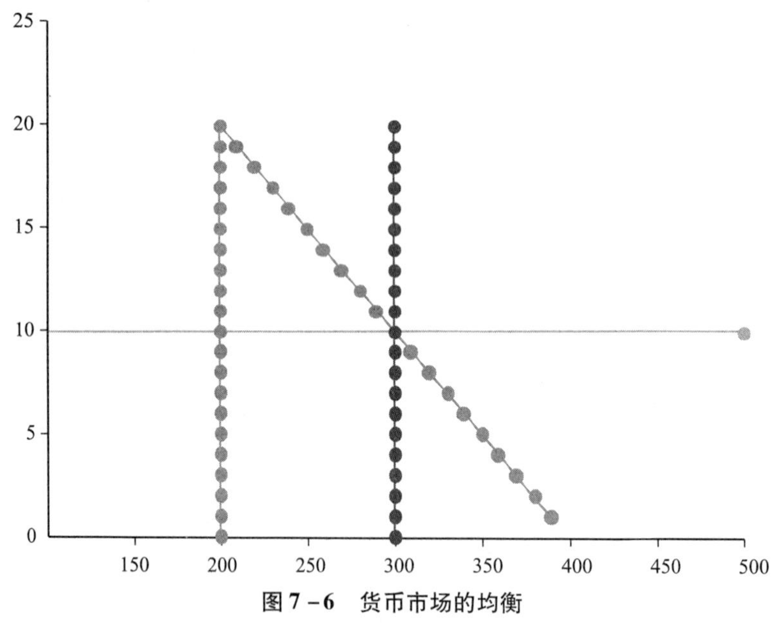

图7－6　货币市场的均衡

说明：在【实验7.2】和后面的【实验7.3】中，因假定 $L_2=L_2^0-hr$，为了不影响均衡利率，实际货币供给中也需要相应增加 L_2^0，在货币市场均衡分析中如果对模拟数据进行处理时需要注意。

学生可在操作面板中调节参数数值模拟货币市场均衡的变动情况，如图7－7所示。

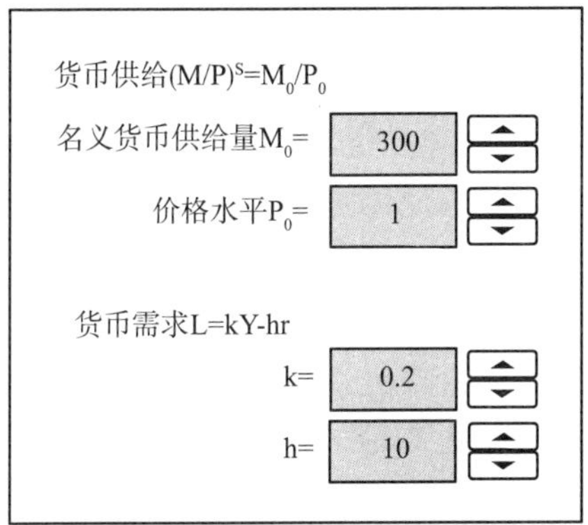

图7－7　货币市场均衡操作面板

（二）从货币市场均衡推导LM曲线

如图7－5所示，在左边的货币市场均衡图中，收入水平为1000时（其他参数取默认值），均衡利率为10。收入水平变为1200时，均衡利率变为14。每一收入水平和与其对应的均衡利率组成一个货币市场均衡时的组合点，当收入水平连续变动时，对应得到一系列均衡利率，得到一系列组合点。在右边的图形中，纵轴表示利率r，横轴表示收入（或产出）Y，一系列组合点组成LM曲线。

（三）LM曲线的斜率

LM曲线的斜率与交易与预防动机的货币需求对收入变动的敏感度系数k和投机动机的货币需求对利率变动的敏感度系数h有关。学生可在操作面板中调整这两个参数的大小，研究其对LM曲线斜率的影响。

（四）LM曲线的变动

LM曲线的截距为$-M_0/hP_0$，其中价格水平P_0假定不变，名义货币供给量M_0的变动会使LM曲线变动。学生可在操作面板中调整M_0的大小，研究货币政策对LM曲线变动的影响。

三、巩固练习

参考答案

1. LM曲线上的每一点都表示（　　）。
   A. 产品市场均衡时收入和利率的组合
   B. 货币市场均衡时收入和利率的组合
   C. 劳动市场均衡时收入和利率的组合

D. 产品市场和货币市场共同均衡时收入和利率的组合

2. LM 曲线左上方的收入和利率的组合表示（　　）。

A. 产品需求大于产品供给　　B. 产品需求小于产品供给

C. 货币需求大于货币供给　　D. 货币需求小于货币供给

3. 其他条件不变时，若货币需求对收入变动的反应程度增强，则（　　）。

A. IS 曲线变得更陡峭　　B. IS 曲线变得更平缓

C. LM 曲线变得更陡峭　　D. LM 曲线变得更平缓

4. 在其他条件不变时，若货币需求函数为 $L = kY - hr$，实际货币供给增加 ΔM，则 LM 曲线向右移动的距离为（　　）。

A. ΔM　　B. $\Delta M \cdot k$

C. $k/\Delta M$　　D. $\Delta M/k$

5. LM 曲线在凯恩斯区域（　　）。

A. 水平　　B. 垂直

C. 向右上方倾斜　　D. 向右下方倾斜

第三节　产品市场和货币市场的共同均衡：IS – LM 模型

IS – LM 模型

一、理论概述

（一）静态均衡分析

1. 叙述法

货币市场所决定的利率会影响产品市场的投资行为，进而影响总需求和国民收入。而产品市场上所决定的国民收入会影响到货币市场上的货币需求，从而也会影响到利率。所以，利率和国民收入是由产品市场和货币市场的均衡共同决定的。

2. 几何法

如图 7 – 8 所示，在以收入 Y 为横轴，利率 r 为纵轴的坐标图中，分别做出 IS 曲线和 LM 曲线，由于在 IS 曲线上利率和国民收入的组合能够保持产品市场的均衡，而 LM 曲线上利率和国民收入的组合能够保持货币市场的均衡，因此，IS 曲线和 LM 曲线的交点 E 所代表的国民收入和利率组合（Y_0，r_0）就能够同时使产品市场和货币市场实现均衡。

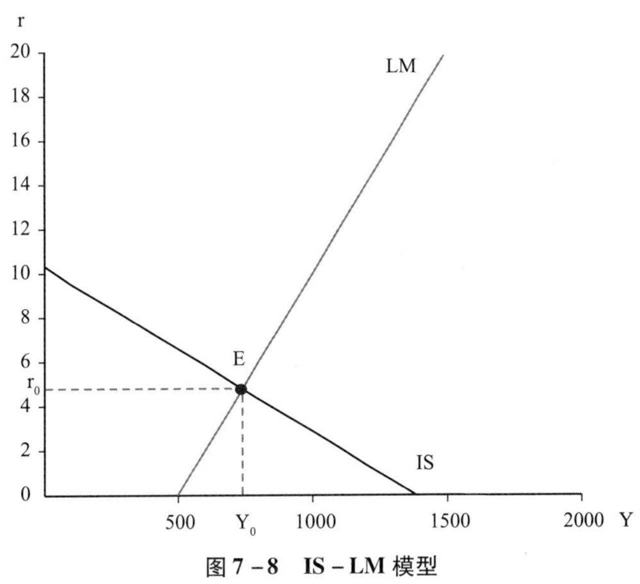

图 7－8　IS－LM 模型

应该指出的是，在分析这种均衡时，是以价格水平固定不变且厂商愿意提供在该价格水平上所需求的任何数量的产品为假设前提的。这一假设是为了目前分析的需要而设立的。

3. 代数法

通过联立 IS 曲线方程和 LM 曲线方程来求解产品市场和货币市场共同实现均衡时的利率和国民收入水平。

IS 曲线方程：

$$r = \frac{A_0}{d} - \frac{1}{\alpha_G d}Y \tag{7.24}$$

说明：前面在 IS 曲线方程中的乘数使用 k 表示，本节在计算均衡产出和利率时，为了与 LM 曲线中的 k 进行区分，使用 α_G 表示乘数。

LM 曲线方程：

$$r = \frac{kY}{h} - \frac{M_0}{hP_0} \tag{7.25}$$

解得均衡收入和利率：

$$Y_0 = \frac{h\alpha_G}{h + kd\alpha_G} \cdot A_0 + \frac{d\alpha_G}{h + kd\alpha_G} \cdot \frac{M_0}{P_0} \tag{7.26}$$

$$r_0 = \frac{k\alpha_G}{h + kd\alpha_G} \cdot A_0 - \frac{1}{h + kd\alpha_G} \cdot \frac{M_0}{P_0} \tag{7.27}$$

（二）比较静态均衡分析

1. 均衡国民收入的影响因素

（1）代数法。

根据均衡国民收入的表达式，均衡的国民收入水平依赖于两个外生变量：

一是取决于自发总支出 A_0。在三部门经济中，自发总支出包括自发消费 α、自发投资 I_0、政府购买支出 G_0、政府转移支付 TR_0 和税收 T_0。自发总支出水平越高（自发消费增加、政府购买支出增加、政府转移支付增加或税收减少），则均衡的国民收入水平就越高。自发总支出 A_0 的变动主要受财政政策影响，它会引起 IS 曲线的移动。

二是取决于实际货币存量 M/P。假定价格水平不变，货币供给量增加，则均衡收入水平就会提高。实际货币存量 M/P 的变动主要受货币政策影响，它会引起 LM 曲线的移动。

财政政策与货币政策是一个国家进行总需求管理的两大基本宏观经济政策，这两大政策的作用和效果可以借助于 IS－LM 模型得以说明。

（2）几何法。

从几何图形上看，上述两类变量分别决定了 IS 曲线和 LM 曲线的位置。因此，当决定 IS 曲线和 LM 曲线位置的这些因素发生变动时，IS 曲线、LM 曲线就会相应变动，产品市场和货币市场共同均衡的收入与利率也会随之变动。

2. 财政政策效应

（1）基本概念。

财政政策效应指政府收支变动后，对总支出从而对国民收入和就业水平的有效作用以及相应的反应。在 IS－LM 模型中，财政政策效应是指 IS 曲线移动对国民收入变动的影响。

扩张性财政政策（增加政府购买、转移支付或减税）使 IS 曲线向右移动，均衡利率上升，均衡国民收入增加；紧缩性财政政策（减少政府购买、转移支付或增税）使 IS 曲线向左移动，均衡利率下降，均衡国民收入减少。

政府支出的增加，引起社会总需求增加，导致收入水平增加，引起货币需求增加，货币需求大于货币供给，因而引起利率上升，而利率水平的上升又会引起私人部门投资水平的下降，即政府支出部分挤出私人投资支出。政府支出增加引起利率上升，从而引起私人部门投资减少的效果被称为挤出效应。

（2）影响因素。

财政政策效应的大小取决于IS曲线和LM曲线的斜率。

一是取决于IS曲线的斜率。在LM曲线不变时，对于相同的扩张性财政政策，IS曲线斜率的绝对值越小，IS曲线越平缓，IS曲线移动对国民收入变动的影响越小，财政政策效应就越小，挤出效应就越大；反之，IS曲线斜率的绝对值越大，IS曲线越陡峭，IS曲线移动对国民收入变动的影响越大，财政政策效应就越大，挤出效应就越小。

二是取决于LM曲线的斜率。在IS曲线斜率不变时，对于相同的扩张性财政政策，LM曲线斜率越小，LM曲线越平缓，扩张性财政政策引起的均衡国民收入增加得越多，财政政策效应越大，挤出效应就越小；反之，LM曲线斜率越大，LM曲线越陡峭，扩张性财政政策引起的均衡国民收入增加越少，财政政策效应越小，挤出效应就越大。

3. 货币政策效应

（1）基本概念。

货币政策效应指货币当局改变货币供应量后对均衡国民收入的影响程度。在IS－LM模型中，货币政策效应是指LM曲线移动对国民收入变动的影响。

扩张性货币政策，即货币供给量的增加，引起货币过度供给，居民通过购买债券减少已经持有的货币，债券价格上升而利率下降，利率的下降会引起总需求增加，从而引起国民收入的增加。国民收入的增加又提高了货币的需求，在货币供给量不再增加的情况下，较高的货币需求通过较高的利率水平来抵消。扩张性货币政策，使LM曲线向右下方移动，均衡利率下降，均衡国民收入增加；紧缩性货币政策，使LM曲线向左上方移动，均衡利率上升，均衡国民收入减少。

（2）影响因素。

货币政策效应的大小也取决于IS曲线和LM曲线的斜率。

一是取决于IS曲线的斜率。当LM曲线的斜率既定时，对于相同的扩张性货币政策，LM曲线向右下方移动相同的距离，IS曲线斜率绝对值越小，IS曲线越平缓，扩张性货币政策引起的均衡国民收入增加越多，货币政策效应越大；反之，IS曲线斜率绝对值越大，IS曲线越陡峭，扩张性货币政策引起的均衡国民收入增加越少，货币政策效应越小。

二是取决于LM曲线的斜率。当IS曲线的斜率既定时，对于相同的扩张性货币政策，LM曲线斜率较小，LM曲线较平缓时，货币政策效应较小；LM 曲线斜率较大，LM 曲线较陡峭时，货币政策效应较大。

4. 财政政策和货币政策的共同作用

通过 IS－LM 模型的分析可以看出，扩张性财政政策和扩张性货币政策虽然均可增加总支出，但对均衡国民收入和利率却有不同的影响。一般说来，扩张性财政政策在增加国民收入的同时会提高利率水平，产生挤出效应；而扩张性货币政策在降低利率的同时则会增加国民收入水平，产生通货膨胀压力。

在选择财政政策与货币政策的配合使用时，需要设法尽可能利用一种政策工具来降低另一种政策工具所带来的负面影响。例如：当经济萧条时可以把扩张性财政政策与扩张性货币政策配合使用，这样能更有力地刺激经济。扩张性财政政策使总支出增加，但提高了利率水平，抑制私人投资，产生挤出效应。这时采用扩张性货币政策就可以抑制利率的上升，以消除或减少扩张性财政政策的挤出效应，使均衡国民收入增加得更多。这就在保持利率不变的情况下，刺激了经济。

财政政策和货币政策的基本组合有四种类型，其基本组合和相应的效应，如表 7－2 所示。这些混合的政策效应，有的可以事先预料，有的则必须根据财政政策效应和货币政策效应的大小，进行比较后才能确定。

表 7－2　　财政政策与货币政策配合使用的影响

政策配合	收入	利率
扩张性财政政策与扩张性货币政策	增加	不确定
扩张性财政政策与紧缩性货币政策	不确定	上升
紧缩性财政政策与扩张性货币政策	不确定	下降
紧缩性财政政策与紧缩性货币政策	减少	不确定

5. 流动性陷阱和古典情况

流动性陷阱是指在极低的利率水平上，人们的流动性偏好为无限大，LM 曲线为一条水平线，此时财政政策有效，货币政策无效。实行扩张性财政政策时，财政政策效应最大，政府支出的增加不会引起利率的变动，从而投资支出不减少，这时不存在挤出效应。

古典情况是当利率上升到很高水平时，货币的投机需求量将趋近于零，LM 曲线是一条垂直线，此时财政政策无效，货币政策有效。实行扩张性财政政策时，对均衡国民收入没有影响，只会使利率提高，挤出效应最大。在这种情况下，货币政策十分有效。

实验 7.3

二、实验操作

【实验 7.3】产品市场和货币市场共同均衡实验

实验目的：掌握财政政策效应的基本概念和影响因素；掌握货币政策效应的基本概念和影响因素；掌握财政政策和货币政策的基本组合及其相应的效应。

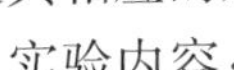

实验内容：

（一）产品市场和货币市场共同均衡的静态均衡分析

在 IS－LM 模型中，IS 曲线的相关参数和 LM 曲线的相关参数给定后，可以计算出产品市场和货币市场共同均衡时的均衡产出和均衡利率，如图 7－9 所示。

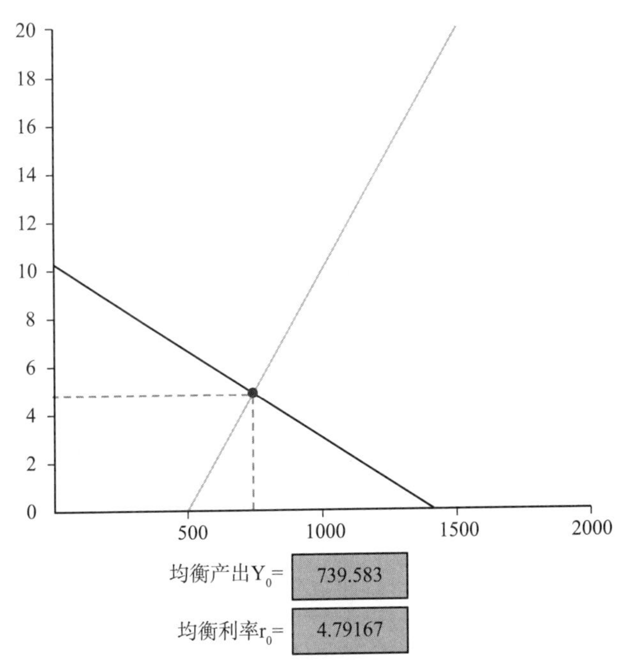

图 7－9　产品市场和货币市场共同均衡时的均衡产出和均衡利率

学生可以在 IS 曲线参数调节面板中，如图 7－10 所示，调节 IS 曲线的参数，使 IS 曲线变动，均衡产出和均衡利率相应作出调整。

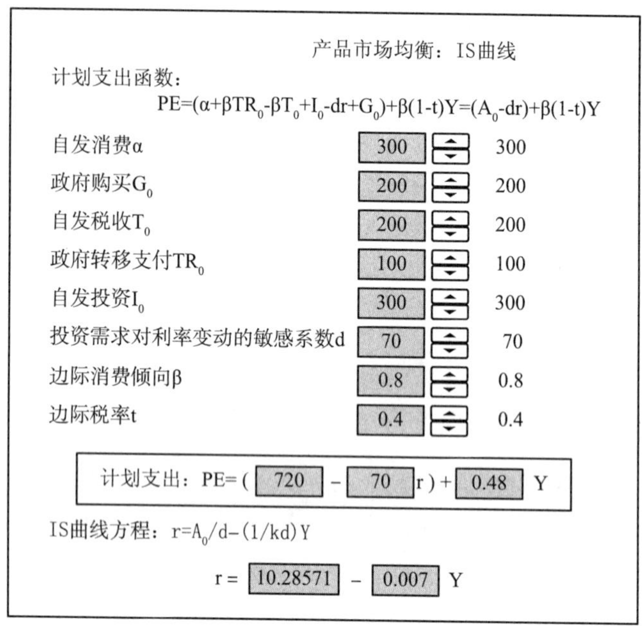

图 7－10　IS 曲线参数调节面板

学生也可以在 LM 曲线参数调节面板中，如图 7－13 所示，调节 LM 曲线的参数，使 LM 曲线变动，均衡产出和均衡利率相应作出调整。

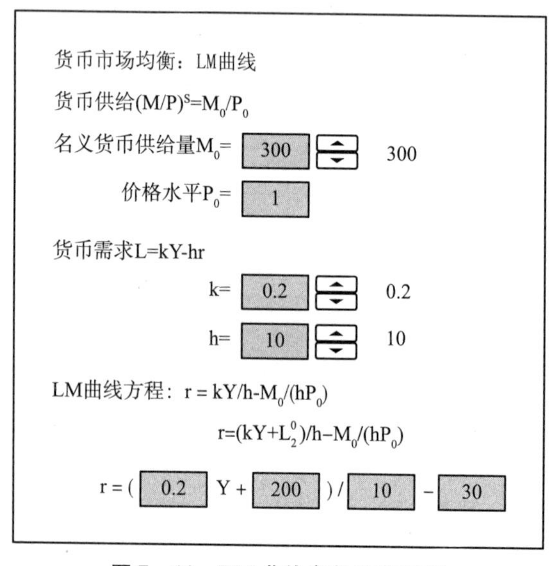

图 7－11　LM 曲线参数调节面板

学生还可以同时调整 IS 曲线和 LM 曲线的参数进行实验。

（二）产品市场和货币市场共同均衡的比较静态分析

1. 财政政策分析

在财政政策参数调节面板中，如图 7－12 所示，学生可调节政府购买、自发税收和政府转移支付的变动量，研究扩张性财政政策或紧缩性财政政策对均衡国民收入的影响。政府购买变动 ΔG 的取值范围为［－100，200］，步长为 10，默认值为 0；自发税收变动 ΔT 和政府转移支付变动 ΔTR 的取值范围均为［－100，200］，步长均为 10，默认值均为 0。

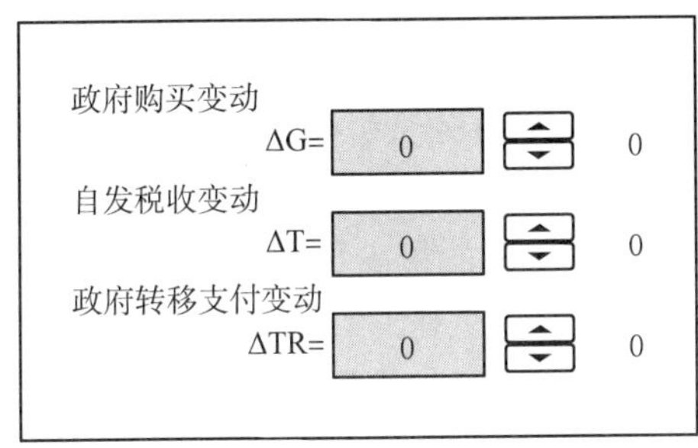

图 7－12　财政政策参数调节面板

在影响因素参数调节面板中，如图 7－13 所示，学生既可以调节 IS 曲线斜率的影响因素，也可以调节 LM 曲线斜率的影响因素，研究 IS 曲线斜率或 LM 曲线斜率对财政政策效应的影响。

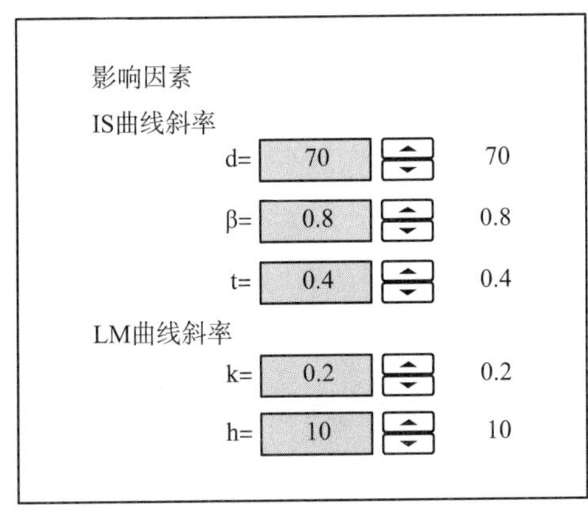

图 7－13　影响因素参数调节面板

学生在调整财政政策参数及其影响因素的参数后，本实验自动计算出 IS 曲线移动量、财政政策效应和挤出效应等数值，供学生比较分析使用。财政政策分析结果显示面板如图 7－14 所示。

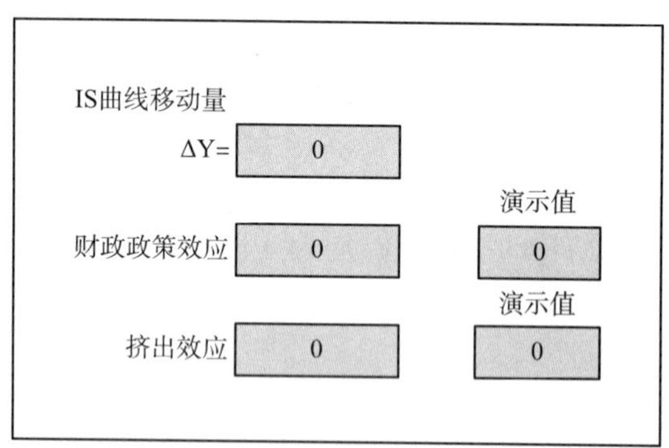

图 7－14　财政政策分析结果显示面板

说明：在分析财政政策的影响因素时，影响因素变动后 IS 曲线的变动和 LM 曲线的变动并非是围绕两个固定的点旋转。本实验首先根据财政政策变动前后的两个均衡数值，计算出财政政策效应和挤出效应的真实值。为验证 IS－LM 理论模型中的结论，本实验假定 IS 曲线和 LM 曲线围绕两个固定点旋转，再计算出该假定下的财政政策效应和挤出效应的数值，本实验中称其为演示值，并在数值旁边做了标注，供学生分析参考。

在分析货币政策的影响因素时也存在类似问题，实验中也做了同样处理。

2. 货币政策分析

在货币政策参数调节面板中，如图 7－15 所示，学生可调节名义货币供给的变动量，研究扩张性货币政策或紧缩性货币政策对均衡国民收入的影响。名义货币供给量变动 ΔM 的取值范围为［－100，100］，步长为 10，默认值为 0。

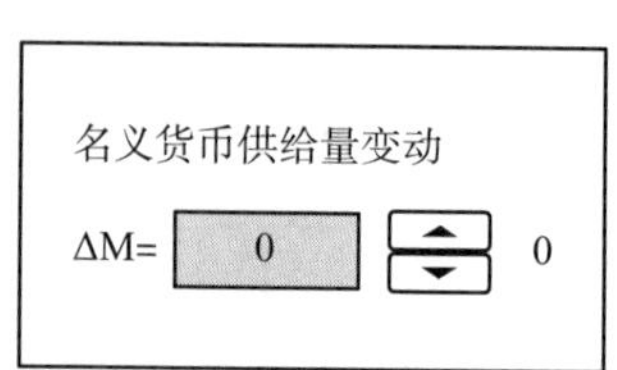

图 7－15　货币政策参数调节面板

影响货币政策效应的参数调节面板与财政政策效应分析的影响因素参数调节面板一样，如图 7 – 13 所示。学生既可以调节 IS 曲线斜率的影响因素，也可以调节 LM 曲线斜率的影响因素，研究 IS 曲线斜率和 LM 曲线斜率对货币政策效应的影响。

学生在调整货币政策参数及其影响因素的参数后，本实验自动计算出 LM 曲线移动量和货币政策效应的数值，供学生比较分析使用。货币政策分析结果显示面板如图 7 – 16 所示。

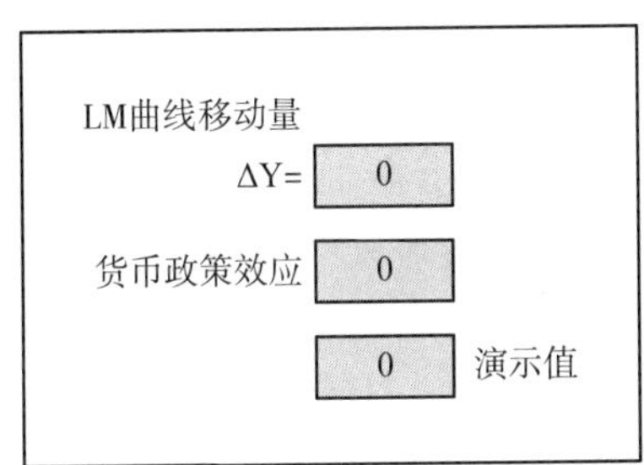

图 7 – 16　货币政策分析结果显示面板

3. 财政政策和货币政策的共同作用

在本实验中，学生可以同时模拟财政政策和货币政策的共同作用，分析各种组合对均衡国民收入的影响。

为便于分析，本实验在使用几何法显示分析结果的同时，也显示了变动前后的均衡产出和均衡利率，如图 7 – 17 所示。

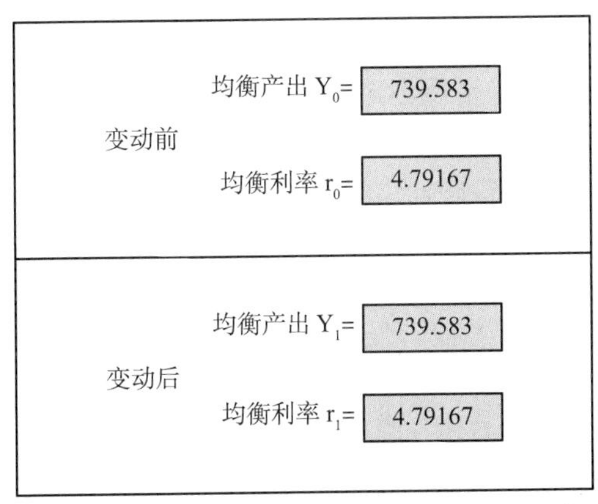

图 7 – 17　变动前和变动后的均衡产出和均衡利率

参考答案

三、巩固练习

（一）单项选择题

1. 财政政策和货币政策的有效性在很大程度上取决于（　　）。
   A. 决策人的意愿
   B. IS 曲线和 LM 曲线的交点
   C. IS 曲线和 LM 曲线的斜率
   D. 货币供应量

2. 挤出效应接近 100% 时，政府购买增加的财政政策效应将（　　）。
   A. 实际效果接近乘数效果
   B. 实际效果接近于 0
   C. 实际效果明显，但小于乘数效果
   D. 实际效果大于乘数效果

3. 如果利率和收入都按供求状况自动调整，则位于 IS 曲线右上方和 LM 曲线右下方的利率和收入的组合点将会（　　）。
   A. 利率下降，收入增加　　B. 利率下降，收入减少
   C. 利率上升，收入增加　　D. 利率上升，收入减少

4. 对货币政策效应没有影响的因素是（　　）。
   A. 挤出效应大小
   B. 边际消费倾向大小
   C. 投资需求对利率的反应程度
   D. 货币需求对利率的反应程度

5. 若同时使用扩张性财政政策与扩张性货币政策，其经济后果可能是（　　）。
   A. 收入变动不确定，利率上升
   B. 收入增加，利率变动不确定
   C. 收入减少，利率变动不确定
   D. 收入变动不确定，利率下降

（二）计算题

假设一个三部门经济，消费 $C = 300 + 0.8Y_D$，投资 $I = 200 - 50r$，税收 $T = 200 + 0.25Y$，政府购买 $G = 200$，政府转移支付 $TR = 200$，货币需求 $L = 0.2Y - 10r$，实际货币供给为 100，求 IS 曲线、LM 曲线及均衡利率和收入。

参考文献

[1]《西方经济学》编写组：《西方经济学（第二版）》，高等教育出版社 2019 年版。

[2] 高鸿业：《西方经济学（第七版）》，中国人民大学出版社 2018 年版。

[3] 董长瑞、周宁：《微观经济学（第四版）》，经济科学出版社 2013 年版。

[4] 张远超：《宏观经济学（第四版）》，经济科学出版社 2014 年版。

[5] 尹伯成、刘江会：《西方经济学简明教程（第九版）》，格致出版社、上海人民出版社 2018 年版。

[6] 曼昆：《经济学原理（第 7 版）》，北京大学出版社 2015 年版。